仲裁与法律

第151辑 中国国际经济贸易仲裁委员会 | 主办
中国国际商会仲裁研究所

中国法制出版社
CHINA LEGAL PUBLISHING HOUSE

仲裁与法律
第 151 辑

主　　编：徐延波
副主编：焦亚尼
编　委：杨　帆　陆　菲　粟　撒　赵　英　卢雅函
　　　　吴绍轩　田雨酥　陈　宓　潘楚婧　梁　意
　　　　安　平　王皓成　杨　明　张晓宇　付智星
　　　　廉怡然　余　婷

地　　　　址：北京市西城区桦皮厂胡同2号国际商会大厦6层
邮政编码：100035
电　　　　话：(010)82217788　64646688
传　　　　真：(010)82217766　64643500
电子信箱：law@cietac.org
网　　　　址：http://www.cietac.org

·年度特稿·

我国法院协助商事仲裁开具调查令的实践与规制
——基于国际商事法庭的使命与担当 …………… 王 池 范亲敏 / 003

·理论探索·

《联合国国际货物销售合同公约》体系下当事人意图的
解释 ………………………………………… 刘 彤 张 瑜 / 021
国际商事仲裁中的禁诉令制度之本土化构建 ………… 陈建华 / 040
论仲裁协议对非签署方诉权限制的法理依据 ………… 杨敦毅 / 055

·实务探析·

ICSID 仲裁临时措施规则的演变及对我国仲裁机构的启示
——从 RSM 公司诉圣卢西亚案谈起 ………… 覃华平 李俊江 / 075
约定扩大仲裁裁决司法审查范围对仲裁条款效力的影响：
从七某公司案切入 ………………………………… 黄保持 / 097

·书 评·

FIDIC 红皮书合同：国际的逐条释义
——导读与书评（The FIDIC Red Book Contract: An International Clause-by-Clause Commentary） …………… 陈希佳 / 111

年度特稿

我国法院协助商事仲裁开具调查令的实践与规制

——基于国际商事法庭的使命与担当

王 池 范亲敏[*]

摘 要：随着国际商事法庭的发展，商事诉讼与商事仲裁之间相互借鉴，互补融合，二者关系更加紧密。综观世界范围内，法院协助商事仲裁取证已成为现代国际商事法庭支持仲裁制度的重要内容；而我国因法院协助仲裁调查取证缺乏理论支撑与法律依据，尚未能付诸司法实践。令人惊喜的是，近期上海、福建厦门等部分地区已开始探索法院协助商事仲裁开具调查令制度。该制度是国际商事法庭使命与担当的应有之义，具有充分的法理依据与丰富的他国司法实践经验。作为我国国际商事法庭探索的一项创新制度，应当从进一步完善申请主体、启动条件、法律后果、当事人及第三人利益平衡等方面进行规制，促进商事仲裁实现效率与公平的统一，助力我国建设一批有国际影响力的商事仲裁中心，从而完成国际商事法庭打造国际商事纠纷解决中心的使命与担当。

关键词：国际商事法庭 商事纠纷 仲裁调查令 司法创新

在商事纠纷化解领域，仲裁与诉讼在同一法律体系内各有分工与价值追求。商事仲裁具有自由灵活、高效简便、裁决认可度高等优点，已经成为现代国际商事纠纷解决的重要方式之一。但商事仲裁本身所固有的民间性、契约性等特征，又使其面临着约束性弱、强制性缺乏等不足。发展仲裁事业是我国当前经济发展的现实需要，也是法治中国建设的重要环节。在现代商事仲裁发展中，法院支持并监督商事仲裁，商事仲裁也支持并促进商事诉讼，因此，如何处理

---

[*] 王池，法学博士，厦门国际商事法庭副庭长；范亲敏，法学硕士，厦门国际商事法庭法官助理。

好诉讼与仲裁之间的关系成为仲裁制度发展的关键，而法院如何协助商事仲裁的调查取证在我国却成了"阿喀琉斯之踵"，理论的证成与立法的空白、实践的先行三者之间难以平衡的张力，使我国仲裁调查令制度亟待培育、成长。因此，本文以仲裁调查令为切入，通过国际商事法庭的制度变革、世界各国的立法举措、我国部分地区的先行探索等，探讨在仲裁前或仲裁过程中，通过仲裁庭向国际商事法庭请求协助开具仲裁调查令，提高仲裁的证据收集能力，促进仲裁效率与公平的有机统一，从而提升仲裁的影响力与公信力。

一、国际商事法庭建设的使命与担当

国际商事法庭是全球商事争议解决市场竞争的当代产物，承担着提升司法服务竞争力，打造国际商事纠纷解决优选地的使命与担当。而作为国际商事纠纷解决优选地，诉讼不可一枝独秀，其应与调解、仲裁并驾齐驱，同台共舞，为中外当事人提供纠纷解决的菜单。因此，法院是否支持仲裁，关乎仲裁的公信力与影响力，进而决定诉讼、仲裁、调解能否三足鼎立，共同打造国际商事纠纷解决优选地。如前所述，仲裁调查令在我国的空白已成为横亘于司法支持仲裁制度面前无法回避的理论与实践问题。因此，要充分发挥以国际商事法庭为核心的示范作用，创新探索仲裁调查令制度，助力打造国际仲裁中心，以点带面，全面建设国际商事纠纷解决中心。

（一）国际商事法庭与"一带一路"国际商事争端解决机制

随着我国同共建"一带一路"国家间的经济贸易往来越发频繁密切，各种贸易样态下也催生了多层次的经济关系，各国囿于不同的政治体制、法律传统等形成了多元的价值观念，各国之间国际商事纠纷呈现出多样复杂等特点。公正高效的司法保障是"一带一路"建设顺利推进必不可少的要素。2018年，中共中央办公厅、国务院办公厅印发《关于建立"一带一路"国际商事争端解决机制和机构的意见》，提出要充分考虑"一带一路"建设参与主体的多样性、纠纷类型的复杂性和各国立法、司法、法治文化的差异性，积极培育并完善诉讼、仲裁、调解有机衔接的争端解决服务保障机制，切实满足中外当事人多元化的纠纷解决需求。

商事仲裁是经济交往中商事主体通过协议自愿将经济活动中产生的争议提交仲裁解决，由仲裁庭依据法律或双方认可的公平原则作出裁决，并约定自觉履行裁决所确定义务的制度。从世界范围上看，仲裁因具有充分体现当事人意思自治、灵活便捷、一裁终局等诸多特性,成为兼具契约性、自治性的一种重要纠纷化解方式,越来越多的商事主体选择将争议提交仲裁解决。仲裁囿于自身的特点也决定了其发展离不开司法的有力支持,世界主要经济大国在现代化的商事争端解决机制建构中都重视引入多元化的解决方式,如英国商事法庭作为世界上最早成立的国际商事法庭,与之相配套的有世界著名的伦敦国际仲裁院(London Court of International Arbitration);法国国际商事法庭与国际商会国际仲裁院(The ICC International Court of Arbitration)共同坐落在法国巴黎;与新加坡国际商事法庭相伴诞生的,还有新加坡国际仲裁中心(Singapore International Arbitration Centre)。

综上,国际商事法庭作为"一带一路"国际商事争端解决机制的重要载体,建立诉讼、仲裁、调解有机衔接的多元化纠纷解决机制,为仲裁机构在财产保全、证据保全、协助取证等方面提供支持,并在便利、快捷司法审查的基础上积极执行仲裁裁决,能够更好地解决国际商事纠纷,切实满足"一带一路"商事主体多元化纠纷解决需求。

(二)国际商事法庭与传统涉外民事审判庭

传统的涉外民事审判庭是法院的内设机构,依照法定职权和程序处理该法院管辖范围内的涉外民事案件。随着国际贸易的发展,世界各国为了提升国际商事纠纷解决能力和司法服务领域的竞争力,对传统的涉外民事诉讼制度进行改革,纷纷设置专业化的国际商事法庭,以符合现代国际商事纠纷解决的市场需求。国际商事法庭建设充分融合了商事仲裁所具备的自主灵活、高效便捷等优势,朝着专业化、国际化、便利当事人、程序适度弹性、争端解决高效的方向发展,成长为一种介于国际商事诉讼与商事仲裁之间的新型或混合式的程序制度。[①] 我国国际商事法庭的建设,并非仅仅对传统涉外民事审判庭名称的变更,二者之间存在本质的区别,具体表现在以下方面:(1)案件管辖以协议管辖为主导。传统涉外民事审判庭所管辖的案件建立在国家司法职权划分和配置基础上,以地域管辖为主导,体现涉外性、法定性;而国际商事法庭受理案件追求以协议管辖为首要来源,认为协议管辖是当事人意思自治原则在国际民事诉讼中的延伸,也是民事处分原则在管辖权上的拓展,是当事人认可一国民事

---

① Weixia Gu & Jacky Tam, The Global Rise of International Commercial Courts: Typology and Power Dynamics, Chicago Journal of International Law 22, pp. 443-445 (2022).

诉讼制度的重要表现,① 如我国《最高人民法院关于设立国际商事法庭若干问题的规定》第 2 条明确受理的第一类案件即当事人依照《民事诉讼法》第 277 条的规定协议选择最高人民法院管辖且标的额为人民币 3 亿元以上的第一审国际商事案件。(2) 诉讼程序规则以便利化、适度弹性为特征。传统涉外民事审判庭以开展涉外民事审判为主要活动,严格遵守《民事诉讼法》的相关程序规范,以强制性、法定性为特征,推崇"公法适用禁忌"的理念,不允许当事人对程序规则进行选择。而国际商事法庭吸收了商事仲裁的灵活自由、尊重合意等优势,在证据规则、审理语言、是否允许判决上诉等诉讼程序上更加尊重当事人意思自治,允许适度弹性。例如,我国国际商事法庭(China International Commercial Court)所作裁判为"一审终局";荷兰、德国等国际商事法庭引进英语作为诉讼语言,并允许对诉讼程序规则进行意定选择;新加坡国际商事庭(Singapore International Commercial Court)经双方当事人同意可以简化质证要求、允许当事人以书面形式放弃、限制或变更其对新加坡国际商事法庭判决的上诉权等②。(3) 注重运用多元纠纷化解方式。传统涉外民事审判庭对受理案件多在审理查明案件事实的基础上,通过单一的判决或裁定方式化解纠纷。而现代国际商事法庭普遍认为,诉讼只是争议解决的一种方式,其应与仲裁、调解等相互补充,以满足不同当事人的多元需求。例如,英国商事法院(British Commercial Court)鼓励当事人选择替代性争议解决机制;迪拜国际金融中心法院(Dubai International Financial Center Court)、"迪拜国际金融中心—伦敦国际仲裁院"与其他相关的法庭及附属机构一起构建起迪拜国际金融中心法律框架与迪拜国际金融中心法院体系,以及诉与非诉纠纷解决机制③;《最高人民法院关于设立国际商事法庭若干问题的规定》第 11 条通过组建国际商事专家委员会,并选定符合条件的国际商事调解机构、国际商事仲裁机构与国际商事法庭共同构建调解、仲裁、诉讼有机衔接的纠纷解决平台,形成"一站式"国际商事纠纷解决机制。

综上,对比传统涉外民事审判庭,国际商事法庭在发展定位上充分吸收了国际商事仲裁的优势,并且在国际商事纠纷的化解上更加注重诉讼与仲裁两种

---

① 吴永辉:《论国际商事诉讼的仲裁化——兼评我国〈民事诉讼法〉涉外编修改》,载《现代法学》2023 年第 4 期,第 157 页。
② SICC Practice Drections 2017, para. 139 (3).
③ DIFCC Law No. 10 of 2004 (U.A.E), art. 50.

方式的相互配合及诉讼对仲裁的支持,同时国际商事法庭在程序规则适用上更具弹性,鼓励通过制度创新提升本国的国际商事纠纷化解能力,从而建设国际商事纠纷解决中心,这也是国际商事法庭的使命。由此观之,在国际商事法庭的使命与担当背景下,法院协助仲裁调查取证,特别是探索仲裁调查令,具有现实可行性与内在逻辑性。

二、法院协助商事仲裁开具调查令的法理基础

一个制度的法理基础,旨在从法理上阐明该制度的根本原理,或者说阐明该制度所承载的文明秩序的根源所在。[1] 法院协助商事仲裁开具调查令的法理基础在于商事仲裁的准司法属性、支持仲裁的国际普遍共识以及"公平与效率"统一的价值目标。

(一) 商事仲裁的准司法属性

仲裁协议是商事仲裁产生并运行的基础,只有当事人合意将纠纷提交仲裁解决,仲裁庭才能取得相应的仲裁资格,并行使裁断权,即商事仲裁源于当事人授权,由当事人自愿选择仲裁机构、仲裁员、仲裁规则等,这种契约属性是商事仲裁最突出的特点,也是其广受欢迎的重要原因之一。但是当仲裁庭取得仲裁案件的管辖权后,仲裁权的行使、证据的收集、裁决的有效履行等又无不受到相应国家法律的约束,离不开仲裁地国家法院的支持,仲裁员所起到的化解纠纷的作用,使其又具备了准司法的属性。因此,在商事仲裁的发展历程中,对仲裁的性质产生了不同的争议,先后出现了契约论、司法权论、混合论、自治论等观点。[2] 当前,理论界和实务界基本认同,商事仲裁除契约性的本质特征外,其准司法属性特征愈加凸显。这种二元属性既满足了当事人对争议解决效率和经济性的需求,又能保证争议解决的公正性和合法性。随着商事纠纷化解中诉讼与仲裁的互相融合借鉴,商事仲裁在由传统的商业自治组织转化为社会公共救助模式的过程中,不断增强国家司法职权对仲裁的支持与调整效力,呈现出仲裁诉讼化的色彩。[3] 由于正式商事仲裁的准司法属性,世界各国法院

---

[1] 喻中:《论中国特色社会主义制度的法理基础》,载《法学论坛》2021年第1期,第35页。
[2] 参见宋连斌:《国际商事仲裁的契约性》,载《国际私法问题专论》,武汉大学出版社2004年版,第325—334页。
[3] Alec Stone Sweet & Florian Grisel, The Evolution of International Arbitration: Judicialization, Governance, Legitimacy, Oxford University Press, pp. 32-34 (2017).

除采取对仲裁作出财产保全、证据保全等临时措施外,还积极为仲裁提供及时、有力的取证协助。

(二) 支持仲裁的国际普遍共识

支持仲裁是世界各国现代仲裁制度的基本政策。从国际仲裁事业的发展上看,一个国家或地区能否成为声誉良好和具有吸引力的国际商事仲裁中心,本地法院是否为仲裁提供必要协助是关键因素。[1] 特别是随着联合国《承认及执行外国仲裁裁决公约》(《纽约公约》)被越来越多国家批准加入,以及《联合国国际贸易法委员会国际商事仲裁示范法》(以下简称《示范法》)被更多国家吸纳进本国立法,支持仲裁的理念在世界范围内的影响力逐步扩展,并得到广泛传播与实践支持。英国伦敦、法国巴黎、美国纽约、瑞典斯德哥尔摩、新加坡等世界知名的仲裁地,均展示出法院对仲裁(特别是取证方面)的支持。从国内的仲裁发展上看,我国一直将仲裁作为纠纷化解的替代性解决方式。2016年6月,最高人民法院发布的《关于人民法院进一步深化多元化纠纷解决机制改革的意见》要求加强司法机关与仲裁机构的对接,积极支持仲裁制度改革。随后,最高人民法院连续推出指导仲裁司法审查以及仲裁裁决执行工作的系列司法解释[2],《最高人民法院关于人民法院为"一带一路"建设提供司法服务和保障的若干意见》《最高人民法院关于为自由贸易试验区建设提供司法保障的意见》等司法文件中,都充分体现了法院重视仲裁事业发展、支持仲裁作为商事纠纷解决方式的司法宗旨和理念,而如何更好地协助商事仲裁调查取证正是支持仲裁理念的题中之义。

(三) "公平与效率"统一的价值目标

如前所述,商事仲裁的契约性使其在价值取向上更强调效率优先。但仲裁强调效率优先,是与诉讼相较而言的,商事仲裁一般更注重它的效率价值,而诉讼更注重它的公平价值;但即使如此,也很难说仲裁效率比仲裁公平更重要。试想,一个缺乏公平的裁决会使仲裁的效率成为无本之木、无源之水,或者因为可能面临被撤销或被拒绝执行导致效率无任何意义可言。因此,商事仲裁中

---

[1] 崔起凡:《论国际商事仲裁中取证的法院协助——兼论我国相关制度的缺失与构建》,载《国际商法论丛》2013年第11卷,法律出版社2013年版,第172页。

[2] 自2017年起,最高人民法院先后发布了《关于仲裁司法审查案件归口办理有关问题的通知》《关于仲裁司法审查案件报核问题的有关规定》《关于审理仲裁司法审查案件若干问题的规定》《关于人民法院办理仲裁裁决执行案件若干问题的规定》。

的效率与公平应当兼顾。作为司法机关的法院，为商事仲裁协助开具调查令，本身追求的首先是公平价值，同时也兼顾了效率价值。例如，仲裁证据保全制度，在商事仲裁中法院通过将可能灭失或将来难以取得的证据及时保全下来，一方面，法院为仲裁当事人或仲裁庭协助开具调查令，从其他当事人或持有证据的第三人处获取证据，会保证案件审理的顺利进行，推进仲裁程序的进度，减少因关键证据缺失导致仲裁审理过程冗长，体现了仲裁的效率价值；另一方面，通过法院介入，为仲裁收集证据协助开具调查令，能够帮助仲裁庭更好地固定关键证据，从而有利于查清仲裁案件事实，在证据充分、事实清楚的基础上作出公正裁决，维护了仲裁的公平价值。

三、法院协助商事仲裁开具调查令的现状分析

法院是否为商事仲裁中的取证提供协助以及如何提供协助，既是影响仲裁能否公平与高效地化解商事争议的重要因素，也是司法支持仲裁国际化发展的重要体现。《示范法》第 27 条规定："仲裁庭或一方当事人在仲裁庭同意之下，可以请求本国内的管辖法院协助取证。法院可以在其权限范围内并按照其关于取证的规则执行上述请求。"

（一）域外法院协助仲裁取证的立法考察

1. 大陆法系国家关于法院协助仲裁取证的规定

多数大陆法系国家，对协助仲裁调查取证持积极的立场和态度。比如德国，在其 1998 年修订的《民事诉讼法》第 1050 条中明确规定："仲裁庭或仲裁庭同意之下的当事人可以要求法院协助那些仲裁庭没有权力实施的举证，除非法院认为请求不可接受，法院将依据其举证规则执行该请求。仲裁员有权参与任何司法取证并且进行询问。" 2002 年，《德国民事诉讼法》对协助仲裁取证进一步规定"法院可以命令当事人或第三人提交在其控制之下的、任何仲裁当事人提及的文件或记录"。[1] 法国在协助仲裁取证立法上经历了从拒绝到接受的转变过程，根据法国现行的《民事诉讼法》《仲裁法》之规定，[2] 法院在下列情形下可提供调查取证协助：其一，在仲裁案件受理前，由于仲裁庭未取得案件的管辖权，当事人可以向法院申请调取证据、进行证据保全等；其二，当仲裁案件已

---

[1] Reinmar Wolff, Judicial by German courts in Aid of International Arbitration, Am, Rev. Int'l Arb, vol. 19, p. 153 (2008).

[2] 详见《法国民事诉讼法》第 1449 条、《法国仲裁法》等相关条文。

获受理后，法院原则上不对仲裁当事人调查取证进行协助，除非该证据系第三人掌握或者证据保全。日本在其《仲裁法》第 35 条中规定："根据民事诉讼法的规定或在仲裁庭认为必要的情况下，除当事人另有约定外，仲裁庭或当事人可请求有管辖权的法院对证人证言、专家证词、书面证据进行调查。当事人提出申请应取得仲裁庭同意。主审法官同意后，仲裁员可检查文件、核对证据或询问证人。"

2. 英美法系国家对法院协助仲裁取证的相关规定

英美法系国家的法律要求当事人充分披露与案件争议有关的一切事实与证据，包括对己方不利的证据。[1] 因此，仲裁调查取证上，采取了更加开放的态度。《英国仲裁法》第 38 条、第 39 条规定了仲裁庭自行收集证据的权力，如命令第三人提交书证、要求第三人出庭作证，如果当事人或者第三人拒绝配合，仲裁庭可以请求法院发布命令作出强制性的裁定；同时在该法第 42 条至第 44 条还规定了法院在支持仲裁程序方面可以行使的权力，包括对获取证人证据、证据保全、财产保全等事项发布相关命令，法院应当根据当事人的申请采取行动，在非紧急情况下，法院在对方当事人书面同意或者仲裁庭准许的情况下方可发布该种命令。[2] 关于仲裁调查取证问题，《美国联邦仲裁法》第 7 条规定："经依照本法或协议指定的全体仲裁员或者过半数的仲裁员的决定，可以书面传唤证人出庭作证，并可以命令其提供被认为是案件实质性证据的簿册、记录、证件和文件。证人出庭的费用同联邦法院证人出庭的费用一样。传票由仲裁庭签发，并且按法院传票的方式送达被传唤人。如果被传唤作证的人拒绝或拖延出席，所在地区的联邦法院根据仲裁庭的请求，可以强迫他出席，或者按照美国法院关于保证人出席或处罚拖延、拒绝出席的规定，给予处罚。"[3] 从上述条文的规定上看，美国的仲裁庭拥有自行收取证据的权力，可以要求第三人作证或命令当事人提交证据。如果当事人不遵守仲裁庭作出的披露证据或作证的命令，法院将会以构成藐视法庭罪予以追究。此外，加拿大、新西兰、韩国、新加坡等国家也基本上将《示范法》关于法院协助仲裁调查取证的规定纳入本国的法律中，对可采取的措施、管辖法院、相关决定是否可以上诉等具体事项作出

---

[1] 崔宇清：《国际商事仲裁中证据及其审查与认定》，载《仲裁研究》（第 42 辑），法律出版社 2019 年版，第 117 页。

[2] 参见《1996 年英国仲裁法》，穆子砺、蔡鸿达、周叶谦译，载《外国法译评》1998 年第 2 期，第 91—94 页。

[3] 参见《美国联邦仲裁法》，于文革译，载《前沿》1996 年第 4 期，第 53 页。

规定。①

(二) 我国法院支持仲裁取证的立法现状

1. 我国法律在法院协助仲裁开具调查令规定上的缺失

在我国，现行法律并未使用"调查令"这一概念，仅在《民事诉讼法》第67条中规定了当事人及其诉讼代理人可以申请法院调查取证和法院自行调查取证，而对于法院协助仲裁调取证据，现行《民事诉讼法》第九章保全与先予执行、第二十六章仲裁中都没有相关规定，并且在历次的《民事诉讼法》修订中也均未就仲裁取证方面的内容予以增加；《仲裁法》依然未规定法院协助仲裁取证，仅在第46条、第68条规定当事人可以通过仲裁机构向法院申请证据保全，但证据保全与协助仲裁调查取证存在诸多不同，特别是当证据留存于仲裁当事人之外的第三人处时，二者区别尤甚。而遗憾的是，《最高人民法院关于设立国际商事法庭若干问题的规定》第14条中对纳入国际商事法庭"一站式"纠纷解决机制的国际商事仲裁机构向法院申请证据保全措施，明确了是在申请仲裁前或者仲裁程序开始后，但针对法院协助商事仲裁机构调查取证方面仍尚付阙如。②

2. 《仲裁法》修订草案的进步与不足

2021年7月30日，司法部起草并向社会公布了《中华人民共和国仲裁法（修订）（征求意见稿）》（以下简称《征求意见稿》）③，该《征求意见稿》在第四章第三节中专设了"临时措施"一节，用7个条文对临时措施的范围、临时措施的申请与作出决定、临时措施的执行程序等进行了细致规定，并创设性地赋予了仲裁庭自行作出临时措施的权利。根据《征求意见稿》第43条之规定，仲裁临时措施的申请可以在仲裁前或者仲裁程序进行中；可以发布仲裁临时措施的主体包括人民法院和仲裁庭；仲裁临时措施的目的是保障仲裁程序的进行、查明案件事实或者保障裁决执行；仲裁临时措施的种类包括财产保全、证据保全、行为保全和仲裁庭认为有必要的其他短期措施。众所周知，在比较

---

① 详见《加拿大商事仲裁法》第25条，《新西兰仲裁法案》第27条，《韩国仲裁法》第28条，《新加坡国际仲裁法》第13条、第14条等规定。

② 《最高人民法院关于设立国际商事法庭若干问题的规定》第14条第1款："当事人协议选择本规定第十一条第一款规定的国际商事仲裁机构仲裁的，可以在申请仲裁前或者仲裁程序开始后，向国际商事法庭申请证据、财产或者行为保全。"

③ 《司法部关于〈中华人民共和国仲裁法（修订）（征求意见稿）〉公开征求意见的通知》，载司法部网站，https://www.moj.gov.cn/pub/sfbgw/lfyjzj/lflfyjzj/202107/t20210730_432967.html，最后访问日期：2024年6月17日。

法视野下，一般认为仲裁临时措施主要包括以下几种：（1）在裁决最终作出前，保持或恢复原状；（2）禁止让争议恶化；（3）要求提供担保；（4）履行保密义务；（5）中间付款（interim payment）；（6）禁诉令；（7）财产保全或对标的物进行检查（preservation or inspection of property）等。[①] 从临时措施视角上，可以说，《征求意见稿》在现有《民事诉讼法》《仲裁法》的基础上，大胆地提出并丰富了仲裁临时措施的相关规定，将进一步促进我国仲裁事业的发展，营造仲裁友好型的司法环境；但是，依然未将协助仲裁取证纳入调整范畴。因为，显然仲裁的临时措施与法院协助仲裁取证存有差别，一般认为临时措施涉及管辖权分配、承认与执行、发布临时措施条件、提供担保等，而法院协助仲裁取证是仲裁地所在国法院对涉及仲裁前或仲裁过程中调查取证事项的协助、支持。此次的《征求意见稿》将"仲裁庭认为有必要的其他短期措施"的概念与证据保全、财产保全、行为保全等并列使用，也说明了各自的不同之处，但该处的"其他短期措施"是否包括仲裁庭或当事人经仲裁庭准许请求法院协助开具调查令等取证措施表述得不够清晰，若从临时措施的内涵、外延上看，很难得出肯定的答案。综上，《征求意见稿》并未填补协助仲裁调查取证的立法空白，即使该意见稿转为正式法律规定，也仍会造成当事人、仲裁机构、法院等对协助仲裁调查取证无所适从。

四、我国法院协助商事仲裁开具调查令的实践及规制

法院协助商事仲裁取证既是主要仲裁国家的通行做法，也是支持仲裁理念在商事纠纷化解领域的重要体现。随着"一带一路"建设和我国对外贸易的不断发展，建设全球广泛认可、具有国际影响力的商事仲裁中心是我国仲裁事业的发展目标。为实现这一目标，法院要强化能动司法理念，充分发挥以国际商事法庭为核心示范的涉外审判职能作用，不仅要推动完善仲裁司法审查制度，更要在包括临时措施、协助仲裁调查取证等方面支持仲裁事业更好地发展。

（一）我国部分地区的实践探索

1. 上海的相关立法规定

国际商事仲裁对于推动"一带一路"建设、我国企业"走出去"参与"一

---

① 高文杰：《中国仲裁保全和临时措施制度的立法缺位和建议》，载《北京仲裁》2017 年第 2 辑，中国法制出版社 2017 年版，第 21—41 页。

带一路"国家商业交往具有重要意义。为推进建设具有影响力的国际商事仲裁中心，2023年9月26日，上海市人大常委会办公厅向社会公布了《上海市推进国际商事仲裁中心建设条例（草案）》①，该草案稿第25条（仲裁调查取证）规定："本市仲裁机构和境外仲裁业务机构管理的仲裁地在上海的仲裁案件，当事人及其代理人因客观原因不能自行收集证据，仲裁庭调查收集亦有困难，但确有必要收集，且证据所在地或者可收集地在本市的，可以按照人民法院的有关规定，由仲裁机构向有关人民法院申请开具调查令。"该条首次使用了仲裁调查令的表述，且对仲裁调查令的申请主体、请求原因、请求法院等予以明确。而正式通过的该条例在第22条中删除了"仲裁机构向有关人民法院申请开具调查令"的表述，取而代之的是"本市人民法院可以根据仲裁机构的申请给予支持"，虽措辞有所变化，但实践中法院对仲裁机构的支持多以调查令的形式予以表现，如2023年11月22日，上海市闵行区人民法院依据上海仲裁委员会的协助申请，向仲裁机构开具并送达了电子调查令。

2. 厦门国际商事法庭的实践探索

在"一带一路"建设和海丝中央法务区发展背景下，厦门法院坚持能动司法理念，充分发挥经济特区法院的优势，积极参与多元化纠纷解决机制和平台的构建，致力于为商事仲裁的发展提供司法支持和保障。2015年10月，厦门市中级人民法院与厦门国际商事仲裁院、厦门国际商事调解中心联合出台《关于支持商事调解与商事仲裁行业发展的若干意见》，确立了法院支持商事仲裁事业发展的原则，并推动厦门国际商事仲裁院、厦门国际商事调解中心在福建省自由贸易试验区厦门片区正式挂牌成立，充分体现了厦门抢抓机遇、运用法治思维和法治方式，建设具有国际影响力、体现国际化水平的国际商事仲裁中心的前瞻布局。② 2023年，在厦门仲裁委员会被纳入最高人民法院"一站式"国际商事纠纷多元化解机制仲裁机构后，厦门市中级人民法院制定出台了《关于诉讼与仲裁有机衔接完善多元解纷机制的实施意见》，与厦门仲裁委员会共建诉仲衔接中心，统一仲裁与审判的法律适用，推动具有福建优势、辐射海峡两岸的区域仲裁中心建设。

---

① 《上海市推进国际商事仲裁中心建设条例（草案）》，载上海人大网，https://www.shrd.gov.cn/n8347/n8481/n9621/index.html，最后访问日期：2024年6月17日。
② 厦门市中级人民法院课题组：《厦门自贸区多元化纠纷解决机制与"区域性"国际商事纠纷解决中心的定位》，载《东南司法评论》2016年卷，厦门大学出版社2016年版，第3—4页。

关于法院支持仲裁开具调查令，厦门国际商事法庭作为全国唯一设在经济特区的国际商事法庭，勇于探索创新，根据中央关于厦门经济特区综合改革试点的精神，通过借鉴国际商事仲裁经验，在全国率先制定出台了《关于仲裁机构申请开具调查令的暂行规定》。2023 年 11 月 7 日，在一起厦门仲裁委员会受理的合同纠纷案件中，为协助查明已去世仲裁被申请人的合法继承人，厦门国际商事法庭依厦门仲裁委员会申请向公安机关发出全国首份仲裁调查令，现该案已顺利实现依法取证，有效地推进了案件公正审理，促进了纠纷的实质性解决。[①]

（二）法院协助商事仲裁开具调查令要注意的几个问题

英国法学家施米托夫指出，"仲裁实质上是解决争议的一种合同制度。作为一种合同安排，应当受当事人意思自治原则的支配，至少理论上是这样。按照这一原则，当事人可以自由地作出他们所喜欢的各种安排"，[②]仲裁作为一种冲突的争议解决机制，公正是其追求的价值目标。我国现行法律在仲裁举证上仅规定了"当事人举证"和"仲裁庭自行收集证据"两种模式，没有建立仲裁证据开示制度和仲裁庭调查取证权的强制性保障机制，由此造成当事人提交至仲裁庭的证据系经利益权衡后的部分证据或存在隐瞒证据的情形，不利于客观真实地查明争议事实，进而帮助仲裁员公正准确地进行事实认定和作出裁决。此时，引入法院对仲裁调查取证的协助，如仲裁调查令，可以保障仲裁程序的有效推进，让仲裁庭更加全面地获取案件证据，查明整个案件的事实，进而作出公正的仲裁裁决，维护仲裁制度的公信力。

通过借鉴世界其他国家的通行做法，结合我国一些地方的实践探索，我国《仲裁法》应当进一步强化法院对仲裁支持的司法理念，引入仲裁调查令制度，使之与仲裁证据保全、行为保全等共同构成完善的商事仲裁协助制度体系。在构建仲裁调查令制度时，需要注意仲裁调查令的申请主体及启动条件、法院对仲裁调查令的审查权、拒不协助仲裁调查取证的法律后果等方面的细节设计。

1. 仲裁调查令的申请主体及启动条件

我国现行《仲裁法》第 43 条第 2 款规定"仲裁庭认为有必要收集的证据，可以自行收集"，也即仲裁庭为了查明案件事实、公平客观作出裁决，可以在必要的时候自行收集证据。但鉴于仲裁庭的民间属性，其所进行的调查取证不具

[①] 《厦门中院：发挥"近邻优势"，强化诉仲衔接》，载微信公众号"厦门中院"，2023 年 11 月 23 日，最后访问日期：2024 年 6 月 5 日。

[②] ［英］施米托夫著：《国际贸易法文选》，赵秀文选译，中国大百科全书出版社 1993 年版，第 674 页。

有强制执行力，可能遭遇当事人或第三人不予配合的情况。因此，由法院协助开具仲裁调查令，可以作为仲裁庭自行收集证据的必要补充。针对仲裁调查令的申请主体，笔者认为，参考《示范法》第 27 条及世界多数国家的做法，应当由仲裁庭向仲裁地的人民法院提出。仲裁庭向仲裁地的人民法院提出存在两种情形：一是当事人向仲裁庭申请，经仲裁庭同意后，由仲裁庭向法院提出协助开具仲裁调查令；二是仲裁庭基于仲裁审理需要直接向法院提出。

鉴于我国现行《仲裁法》规定的仍是机构仲裁，而未规定临时仲裁，因此，在我国现行法律框架下，仲裁调查令的申请主体应当是仲裁机构。而对于仲裁调查令的启动，笔者认为，应当同时满足以下三个方面的条件：（1）必要性，申请法院收集证据应具有必要性，即必须涉及仲裁程序的有效推进、案件关键事实的查清、当事人真实权利义务的认定等；（2）客观性，穷尽仲裁取证措施，即通过当事人举证和仲裁庭自行收集证据，客观上不能收集到证据或者收集证据确有困难；（3）要式性，提交书面申请，载明申请人及其代理人的基本信息、拟调取证据的名称及保存单位或个人、调取证据的原因及与待证事实的关系等。[①]

2. 法院对仲裁调查令的审查权

《示范法》第 27 条规定，"法院可以在其权限范围并按照其关于取证的规则执行上述请求"[②]。《德国民事诉讼法》第 1050 条也规定，"仲裁庭或者经仲裁庭批准，当事人一方可以请求法院协助取证或执行仲裁庭未授权的其他司法行为。除非法院认为该请求不可受理，否则法院将根据其关于取证或任何其他司法行为的程序规则处理该请求"。从上述规定可以看出，为了协调仲裁取证请求与各国民事诉讼之间的冲突，通常情况下应赋予法院对仲裁调查令的一定的审查权，为此，笔者认为，我国法院对仲裁机构提交的调查取证申请，可以从申请人资格、申请理由、申请调取证据的范围及与案件的关联性等维度进行审查。

3. 拒不协助仲裁调查取证的法律后果

（1）不利推定。不利推定是指事实认定者针对一方当事人无正当理由拒不提交或出示其所持有或保管的证据，而作出对其不利的事实推断。[③] 其是仲裁

---

① 曾凤：《我国仲裁庭自行收集证据制度探析——以诉讼与仲裁制度差异为视角》，载《商事仲裁与调解》2021 年第 2 期，第 138 页。
② 此处的"请求"即指仲裁庭或当事一方在仲裁庭同意之下，向本国主管法院提出协助获取证据的请求。
③ Brayan A. Garner, Black's Law Dictionary, 8th ed., America: west, p. 2276 (2004).

庭施加给不合作及违反善意原则的当事方"最有效的惩罚",有利于仲裁实体与程序公正的统一。① 虽然我国《仲裁法》没有明确规定不利推定,但在商事仲裁实践中,《中国国际经济贸易仲裁委员会证据指引》② 以及北京仲裁委员会、中国海事仲裁委员会、厦门仲裁委员会等机构的仲裁规则都对其进行了规定。因此,如果法院协助开具的仲裁调查令所针对的协助调查人是仲裁案件当事人,当该当事人无正当理由拒不配合调查取证时,仲裁庭可以运用不利推定作出对其不利的事实认定。

(2) 配合调取证据的义务。我国《民事诉讼法》第 70 条第 1 款规定:"人民法院有权向有关单位和个人调查取证,有关单位和个人不得拒绝。"该条文明确了人民法院调取证据时,有关单位或个人有义务予以协助。同时,《民事诉讼法》第 117 条、第 118 条对拒绝或者妨碍法院调查取证的行为规定了相应的强制措施,主要有三种类型:其一,对拒绝配合的单位可以进行罚款,同时对单位的主要负责人或直接责任人罚款或拘留;其二,对不配合的个人可进行罚款或拘留;其三,可以通过发送司法建议的方式督促有关单位或个人协助。而对于拒绝法院调查取证的行为,笔者认为,既包括不让法院调查取证、不提供所需证据、对调查取证的请求不予理睬,也包括妨害法院调查取证,对调查取证设置障碍,使得法院无法得到所需证据。因此,当法院协助开具仲裁调查令后,有关单位或者个人即具有配合调取证据的义务,若无正当理由拒不配合,可能面临相应的法律后果。

(3) 第三人特免权。笔者认为,针对法院开具的仲裁调查令,应当考量其作出的协助调取证据的要求对于证人等第三人是否过于苛刻,协助开具仲裁调查令是否侵害到国家利益、社会公共利益及第三人利益,且这种侵害已伤害到各种法益的平衡秩序,即第三人在法院协助开具调查令得以豁免的理由正当与否之考量。

五、结语

综上,随着国际商事法庭制度在世界范围内的广泛推广,商事争议解决领域多元化纠纷解决机制进一步融合发展,借助国际商事纠纷"一站式"解决平台,通过建立法院协助仲裁调查取证机制,可以更好地实现仲裁效率与公平的

---

① 崔起凡:《论国际投资仲裁中的不利推定》,载《商事仲裁与调解》2021 年第 6 期,第 40 页。
② 参见《中国国际经济贸易仲裁委员会证据指引》第 23 条。

有机统一，吸引更多商事主体在经贸往来中选择我国仲裁机构或在我国进行仲裁，助力我国建设具有影响力的国际商事仲裁中心，从而完成国际商事法庭打造国际商事纠纷解决中心的使命与担当。与此同时，我国应辅之以配套完善的民事诉讼证据收集制度，如强制证人到庭作证等，确保法院协助仲裁调查取证制度的有效运行。

(责任编委：梁意)[①]

---

① 中国国际经济贸易仲裁委员会仲裁研究所职员。

理论探索

《联合国国际货物销售合同公约》体系下当事人意图的解释

刘 形 张 瑜*

摘 要：合同以及当事人行为意图的意思解释是实践中经常会遇到的问题，《联合国国际货物销售合同公约》（以下简称《公约》）第 8 条为国际货物买卖合同的解释和当事人意思表示的确认提供了规范和原则。作为现代商事合同法发展的起点，其代表的尽一切可能发现双方当事人真实合意的基本原则不仅引领了国际统一商事法的发展趋势，也对各国的合同法产生了深远的影响。

关键词：合同解释 合意 外部证据

经济学家、诺贝尔奖获得者奥利弗·哈特（Oliver Hart）在其不完全合同理论中认为："合同必然是不完整的，没有当事人可以事先想到和思考各种情况和每一个偶然性。"[①] 合同解释是商事法中最重要的主题之一，也是合同性纠纷涉及最多的内容之一。尽管争论非常激烈，但普遍能够达成一致的观点是合同的外部证据可以作为解释合同的一种帮助，这一点是毋庸置疑的。但是当论及合同未能涉及的部分是否属于双方协议的一部分时，这种争论就变得更为激烈。最为严重的问题是，如果合同外部证据所显示的双方达成的协议与双方正式签订的书面合同文本相悖或者直接否定了书面合同的内容，此时是否允许用这种

---

* 刘彤，对外经济贸易大学法学院教授，国际商事法律研究中心主任；张瑜，中国国际经济贸易仲裁委员会案件经办人。

① 参见诺贝尔奖官网介绍，Oliver Hart, The Nobel Prize, https://www.nobelprize.org/prizes/economic-sciences/2016/hart/facts/，最后访问日期：2023 年 7 月 30 日。

外部证据去对抗正式签订的书面有效合同?①

《公约》第 8 条为国际货物买卖合同的解释和当事人意思表示的确认提供了规范和原则,其出现在《公约》第二章总则部分,也就是可以适用于关于国际货物买卖合同履行中任何阶段的当事人行为的意图解释。《公约》对于当事人意图解释的规则集中于第 8 条。实际上,该条的适用范围是相当广泛的,因为很多条款在具体的标准的判断上,都需要适用当事人意图的解释。而当事人意图的解释其实在几乎每一个案件当中都会涉及,不限于对合同条款的解释,也可以适用于对当事人声明或各种行为的解释,包括合同的订立、修改、终止以及《公约》所涉及的通知。

一、当事人真实意图探究的边界

(一)合同解释标准与边界之争

现在商事合同法的发展趋势要求审判者在判断当事人意图时,不必拘泥于合同本身的文字,而应当发现当事人本身的真实意图。但问题是当事人订立合同的目的是要以合同文本约定权利义务,在法律允许解释当事人真实意图突破合同文本的情况下,边界在哪里?这个问题很多时候被认为是"当代合同法学中最具争议的领域"。②

保守的观点认为,合同起草者之所以最终签订一份正式的合同,就是为了排除双方在合同以外存在的意图和可能被认定为默示达成的合意。因此解释合同应当仅在合同的范围之内,也就是俗称的在"四角之内"进行解读。在此基础之上,传统的合同解释的第一步是发现合同是否存在模糊不清的地方,以及合同是否完整地反映了双方协议的全部内容,从而得以排除外部证据。只有通过第一步审查,发现合同确实存在模糊不清或当事人的协议并未陈述双方协议的全部内容时,才会进一步引入外部证据,以证明双方当事人的真实意图。因此,合同解释是确定合同语言含义的过程,其目的是确定双方当事人在订立合同时的意图。

而激进的观点认为,应当去努力地发现双方当事人的真实意图,并且实现

---

① Juliet P. Kostritsky, Plain Meaning v. Broad Interpretation: How the Risk of Opportunism Defeats a Unitary Default Rule for Interpretation, 96 Ky. L. J. 43 (2007), p. 54.

② Ronald J. Gilson, Text and Context: Contract Interpretation as Contract Design, 100 Cornell L. Rev. 23 (2014), p. 25.

合同法所通常追求的基本政策目标，即实现诚信或者公平商业交易习惯的遵守。有些激进的法官甚至将合同的解释阐述为去改正双方当事人的错误，因为如果在起草合同过程中不存在错误，就不会产生合同解释的问题。在此基础之上，对于审理者查明双方当事人真实意图后重新对于双方合同的修正实际上并不应设定太多的限制。与此同时，对于合同是否反映了当事人真实的意图或者合同的起草是否存在错误，只有充分地考虑事实、交易背景和外部证据后才能作出判断，在作出这种判断时寻求合同以外的证据是必要的。也有学者曾经从解释的准确性、交易成本以及执行费用等方面论述允许裁判者更广泛地使用外部证据的合理性。[1]

在面对这一问题时，我们应当考虑的一个前提是"合同法是一种旨在以高度可预测性执行承诺的制度"。双方当事人订立合同的目的就在于使合同可以被遵守和信赖，但特别现实的情况是有可能存在合同当事人以外的第三人，比如说债权人或股东，也有可能依赖相关的合同去行事，简单地否定合同，或者寻求合同以外的证据，不按照其字面通常的意图解释，实际是存在风险的。因此在合同解释中是否应当允许引入外部证据，通常需要考虑的问题是在合同所需要达到的公平性和订立合同当事人对于结果的可预见性之间寻求一种平衡。总体来说，在解释合同现有条款的真实意思时广泛地使用外部证据并不存在任何的限制；如果是对于合同现有条款的补充，则需要审查合同当事方是否在协议中认为其协议已经包含了双方合意的全部内容，而不需要使用外部证据的补充。比如，《国际统一私法协会国际商事合同通则》（UNIDROIT Principles of International Commercial Contracts，PICC）第2.1.17条关于"合并条款"的规定中明确指出，"若一个书面合同中载有的一项条款，表明该合同包含了各方当事人已达成一致的全部条款，则此前的陈述或协议均不能作为证据对抗或补充该合同。但是，该等陈述或协议可用于解释该书面合同"。

杨良宜先生曾经指出，合同的解释从英国法的角度来说包含两种说法：一种是"construction of contract"（"文理解释"或"字面解释"），另一种是"interpretation of contract"（"论理解释"或"目的解释"）。英国学者指出，"construction of contract"可以理解为确定整个合同效力的过程，而解释是发现合同

---

[1] Joshua M. Silverstein, The Contract Interpretation Policy Debate: A Primer, 26 Stan. J. L. Bus. & Fin. 222.

措辞的实际含义的过程。① 因此根据《公约》目前的文字以及《公约》第 8 条所使用的语言来看，《公约》第 8 条的适用应当更接近于 "interpretation of contract"，即对于合同的解释，通常其解释的起点应是合同本身，不应超出合同原有文本。

（二）口头证据规则与外部证据

在英美法中存在的口头证据规则的意义，首先是使双方当事人签订的合同文本得到尊重，而不允许简单地使用外部证据否定合同的有效性。其次是满足某种证据性的要求。在口头证据规则下，裁判者需要首先判断当事人之间签订的书面文件（通常是指合同）是否包含了双方合意的全部内容。这一规则使得合同以外的双方之间的谈判，不再对双方最终的协议内容构成侵扰。因为通常来说，在合同协商过程中，双方当事人会有各种各样的想法，也有可能会达成暂时的部分协议。但这些暂时协议可能最终被否定，不再是交易的一部分，如果允许当事人引用这些外部证据对抗合同，可能会使合同的正常履行和有效性受到不合理的影响。但应当注意到，从美国颁布《统一商法典》（Uniform Commercial Code, UCC）开始，这种传统的对于合同文本的刻板保护逐渐被削弱。UCC 第 2-202 条的官方评论指出，"书面文件已经包含了详细条款的事实并不能导致推定它是完整的文件，在本条中绝对拒绝任何假设，即已经就某些事项制定了最终的书面文件，就应被视为已经包括了所有协议的事项……"② 在 20 世纪 70 年代具有代表性的哥伦比亚氮肥公司诉罗伊斯特公司（Columbia Nitrogen Corp. v. Royster Co.）案中，法官指出，虽然传统的普通法认为，除非法院发现书面合同模糊不清，否则不得使用外部证据来解释或补充书面合同，但 UCC 改变了这一规则，它应被更开放地解释和应用以促进其政策目标的实现，其中包括承认商人之间的习惯、惯例正在被更广泛地适用。③ 而《第二次合同法重述》则体现了更为开放的观点，第 214 条允许使用先前或同时的文件，以及磋商期间所形成的证据，用于发现双方当事人最终的书面文件是完整协议还是部分的完整协议；而即使书面协议是最终的完整协议，依然可以用这些外部证据去解释其文件文字本身的意义。④

---

① 杨良宜：《合约的解释：规则与应用》，法律出版社 2015 年版，第 8—9 页。
② UCC § 2-202 comment 1 (a).
③ Columbia Nitrogen Corp. v. Royster Co. 451 F. 2d 3 C. A. 4, (1971).
④ 第 214 条（c）款。

于 20 世纪 70 年代起草的《公约》继续沿着这个趋势向前发展。在《公约》第 8 条中，由于不存在形式上的要求或者类似于英美法系中的反欺诈法案，合同的外部证据和双方的交易习惯做法等证据与双方的书面证据和最终的书面文件实际上具有同等的效力。与此同时，该条对于外部证据的使用没有任何的限制，因此实际上外部证据是可以对抗合同条款的。UCC 第 2-202 条规定："双方在最终的备忘录中或以其他方式记录在书面文件中作为协议最终表达的条款，不得以任何之前达成的协议或同时达成的口头协议加以否认，但可以下列内容加以解释和补充：（1）履约过程，交易过程和商业习惯；（2）不与上述条款冲突的补充条款，除非法院认定当事方的意图是上述文件为双方的最终条款并且具有排他性。"可以看到，该条前半部分依然沿用了传统的口头证据的要求，但其后半部分说明可以适用相关的证据解释或补充合同。从相关的案例可以看到，UCC 阻止外部证据对于合同条款直接的否定，只有与合同条款进行协调解释的外部证据才可以用于解释或者补充合同。但在《公约》第 8 条第 3 款的证据使用中，不存在这种明确的限制。因此在一些案例中，法院认为如果能够发现双方当事人真实的合意与书面文件或书面协议不一致，可以双方当事人的真实合意为准。

（三）《公约》体系之下的口头证据规则

《公约》本身是实体法，并不涉及程序问题，而对于《公约》以外的问题是可以适用各国国内法的，《公约》第 4 条对这一点作出了明确的规定。但在涉及口头证据规则这一类问题的时候，区分实体问题和程序问题可能并不那么容易。合同解释第一个需要解决的问题是合同中是否存在需要解释的条款或补充的内容。现代商事合同法要求探究双方当事人的真实意图，即发现双方当事人合同文字中的真实含义，而一般情况下，只有合同本身存在模糊不清的地方或存在对于双方当事人协议的遗漏才有必要去探究双方当事人的真实意图。口头证据规则是在发现合同具有完整性的情况下，否定合同订立之前所达成协议的效力并排除合同以外的证据的使用。因此在适用《公约》第 8 条和关于外部证据的排除时，会产生一个疑问：口头证据规则既然排除的是合同以外的证据，那是否意味着其属于程序法规则而不受《公约》的管辖？

从《公约》本身的措辞看，其第 8 条第（3）款指出，"在确定一方当事人的意旨或一个通情达理的人应有的理解时，应适当地考虑到与事实有关的一切情况"；而第 11 条则要求"销售合同无须以书面订立或书面证明，在形式方面也不受任何其他条件的限制"。将这两条的文字结合,可以看到《公约》对于使用合同以外的证据以证明双方当事人真实意图的问题,并不设定任何形式性的要求,因此基本上已经封闭了口头证据规则适用的空间。

尽管有学者认为,口头证据规则通过限制作伪证和恶意促进了合同解释的诚信和统一性,因此符合《公约》第7条所表述的原则,但从实践来看,多数国家并不保有口头证据规则。在其他国家中虽然对于证据也有相应的书面要求,类似于口头证据规则,但其实并不是真正的口头证据规则。比如,《法国民法典》第1341条规定,"一切物件的金额或价值超过法定数额者,即使为自愿的寄存,均须在公证人前作成证书,或双方签名作成证书。证书作成后,当事人不得就与证书内容不同或超出证书所记载的事项以证人证明,亦不得就证书作成之时、以前或以后所声明的事项以证人证明",但这一规定并不适用于商事交易。《意大利民法典》第2722条规定,"证人的举证以附加文书的内容和与之相反的特别约定为目的的场合,其约定事前或同时主张场合不被认可",但这更多的是关乎证据规则。弗莱希特纳教授在指出美国法院在适用口头证据规则中有些混乱和不一致的情况后,反对将其纳入《公约》的体系,并同时指出《公约》旨在提供国际规则作为国内法的替代规则,因此应阻止国内规则适用于国际货物买卖交易。[1] 而这也与大多数的学者和判例相吻合。[2]

二、主观意图还是客观意图

当事人意图解释在实践中存在一个争议比较大的问题是,究竟应以双方当事人内在的主观意图为准还是以外在所表现的客观意图为准? 最早的观点认为,法律的合同解释只是发现双方当事人所表现出来的外在意图,而与当事人的真实想法无关。[3]

《公约》第8条被认为在国际私法领域,特别是在合同解释规则中开启了明

---

[1] Harry M. Flechtner, The U. N. Sales Convention (CISG) and MCC-Marble Ceramic Center, Inc. v. Ceramica Nuova D'Agostino, S. p. A.: The Eleventh Circuit Weighs in on Interpretation, Subjective Intent, Procedural Limits to the Convention's Scope, and the Parol Evidence Rule, 载佩斯大学国际商法学院网站, https://iicl.law.pace.edu/cisg/bibliography/flechtner-harry-m-us-3, 最后访问日期: 2024年6月24日。

[2] Filanto, SpA v. Chilewich Int'l Corp, SD NY, 14 April 1992, CISG-online 45, 789 F Supp 1229, 1238; ECEM European Chemical Marketing BV v. The Purolite Company, ED Pa, 29 January 2010, CISG-online 2090。

[3] John O. Honnold, Uniform Law for International Sales Under the 1980 United Nations Convention, 4th ed, Kluwer Law International, 2009, pp. 157-158。

显的对于当事人合意或者当事人真实意图的探究。这一点从该条款本身就可以明显地作出解读，因为第 8 条第（1）款适用的是当事人的主观意图标准，而第 8 条第（2）款适用的是客观意图标准；但第 8 条第（2）款的适用是存在前提的，即在第（1）款不适用的情况下。这种寻求当事人真实意图的基础来自三个方面，首先，从立法的整体意图来看，《公约》所体现出来的尊重当事人意图或尊重当事人意思自治的理念贯穿《公约》的很多部分。对于第 8 条第（1）款的适用也同样遵循这一逻辑。其原因是现代商事合同法逐渐认识到合同法所处理的情况是商人之间的具体交易，而商人并不是律师或者法律工作者，他们对于合同条款的审查可能并没有那么仔细或者并不能完全理解合同条款的繁杂语言，因此签订的合同条款可能并不能完全反映当事人的真实意图。其次，现代商业社会本身所体现的两个明显变化，即交易的活跃性增强与交易速度的迅捷发展使得合同当事人可能并没有充分的时间去探讨合同的全部内容。商人或许只关心其某个合同中特定的内容，因此发现当事人的真实意图显得确有必要。最后，伴随着《公约》的实施，国际贸易中大量的格式合同或格式条款开始被广泛地使用，被使用的合同条款可能并未被真正阅读，并不能反映当事人的真实意图。

在 MCC 案中[1]，原告（买方）是一家从事瓷砖零售的佛罗里达州公司，被告（卖方）是一家从事瓷砖制造的意大利公司。1990 年 10 月，买方主席在意大利博洛尼亚的一个交易会上会见了卖方的代表，并根据他在交易会上检查的样品谈判达成了一项从卖方购买瓷砖的协议。不会说意大利语的原告通过翻译吉安弗兰科·科佩利（Gianfranco Copelli）与当时的卖方商业总监詹尼·西林加迪（Gianni Silingardi）进行了交流。双方就价格、质量、数量、交货时间和付款方式等关键条件达成了口头协议。然后，双方将这些条款记录在卖方预先打印的标准订单之一上，买方签署了合同，该订单条款以意大利语印刷。买方对卖方提起诉讼，声称卖方在 1991 年 4 月、5 月和 8 月未能履行订单。卖方抗辩依据的是合同中预先印制的条款。订单的正面和背面都包含条款和条件。订单的正面在买方的签名正下方包含以下语言："买方特此声明，他知道背面所述的销售条件，并明确表示赞同这些条件，特别是编号为 1、2、3、4、5、6、7、8

---

[1] MCC-Marble Ceramic Center, Inc. v. Ceramica Nuova D'Agostino S. p. A. 26 April 1999 U. S. Supreme Court [certiorari denied] 526 U. S. 1087. 本案以下简称 MCC 案。MCC-Marble Ceramic Center 公司，以下简称 MCC 公司。

的销售条件。"与该案直接相关的合同背面的第 4 条约定:"对商品缺陷的可能投诉必须在收到商品后 10 天内以书面形式通过挂号信提出。"虽然有证据支持买方声称其对所收到货物的质量提出过异议,但买方从未提交任何书面投诉。买方虽然没有对这些基本事实提出异议,但辩称双方从未打算将印在订单背面的条款和条件适用于他们的交易。作为这一说法的证据,买方提交了其主席的宣誓证词,其中声称买方没有受这些条款约束的主观意图,卖方知道这一意图。买方还提交了卖方在交易会上的代表西林加迪和科佩利的宣誓证词,这些宣誓证词支持了原告的主张,即双方主观上打算不受订单背面条款的约束。本案的关键在于,在合同条款不存在模糊不清或歧义的情况下,是否可以允许这些外部证据去直接对抗或否定合同具体条款的适用性。[①] 法院认为,该案属于《公约》第 8 条第 (1) 款的适用范围,因此要求法院在解释双方行为时考虑 MCC 公司的证据。法院在该案中指出,该案尚处于简易裁决阶段,因为 MCC 公司提出了一个关于双方当事人是否受预先印制的合同背面条款约束的主观意图的重要事实问题,因此法院不应在实体审理之前,就通过简易判决排除对于双方当事人真实意图的发现。当然,允许当事人进行合同以外的证据的举证,并不是要求法官必须认定这种主观意图确实适用或者合同争议一方将会胜诉,而关键是根据《公约》至少应当允许双方当事人提供这种外部证据,以供法官作出相应的判断。

根据《公约》第 8 条第 (1) 款的规则,如果合同双方对语言的含义或者行为有共同的理解,他们的共同理解就会作为解释的标准,而不论在这种情况下会怎样理解。该条款适用的前提是通过某些证据证明另一方当事人已经知道或不可能不知道这种主观意图。施莱希特里姆(Schlechtriem)和施温格(Schwenzer)教授曾经在其专著中指出,第 8 条第 (1) 款所使用的"不可能不知道的要求",实际比《公约》在其他条款中所使用的"应当知道"要求更高一些。[②] 即主张其主观意图的一方表现出的意思表示应当更为明显,以使另一方当事人必然所知。其内在的原因也好理解,因为《公约》第 8 条第 (1) 款是探究的一方当事人的主观意图,而这种主观意图必须被更为明显地表示出来,

---

[①] MCC-Marble Ceramic Center Inc v. Ceramica Nuova d'Agostino SpA, 144 F3d 1384 (11th Cir 1998), p. 1389.

[②] Schlechtriem and Schwenzer, Commentary on the UN Convention on the International Sale of Goods (CISG), 5th Ed., Oxford, Oxford University Press, 2022, p. 169.

且必须为另一方当事人所知才有可能构成合意，因此要求更高的标准也更为合理。比如，在2007年德国判例中，卖方是一家德国玻璃瓶生产商，与一家希腊公司签订了制造和交付50毫升和100毫升玻璃瓶的合同，该公司打算将这些货物出口到俄罗斯。签订合同后，买方总经理在传真中要求修改合同。根据该修改协议，买方将支付更高的价格，但卖方将向第三家公司支付一定数额的"咨询和营销费"，卖方同意了。买方因"咨询费"的计算错误，导致发出的变更协议存在金额的错误。由于其后履行中产生争议，买方起诉卖方要求其支付未付的"咨询费"，而卖方则主张其是根据显示的合同条款履行。法院认为，根据《公约》第8条第（1）款，卖方知道买方提出的合同修改的真正意图，或者无论如何卖方不可能不知道这一点。法院注意到的证据是，买方在提出修改合同的建议书之前曾向卖方的一名雇员解释说，这种不同价格的约定是为了避免买方的俄罗斯客户发现瓶子的实际购买价格。此外，变更协议中的措辞很容易显示出买方的真实意图。因此，卖方能够理解，买方在计算变更协议中的"咨询费"数额时犯了一个错误。[1]

当然，这种区分尚属于一种学理的解释，因为从现实的角度来说区分"不可能不知道"和"应当知道"其实是很难的。而关于主观意图和客观意图的优先适用问题，从实践角度来说，只是体现了现在商事合同法总体上尊重当事人合意，或者尽最大努力发现当事人订立合同时达成的真实合意的一种价值取向。但使用主观标准来进行合同解释可能会很难证明这种真实意图的内容，它更多指明了一种证据的方向，即应充分地引入合同以外的证据去发现当事人的真实意图。因此，《公约》第8条第（2）款中客观标准的适用范围可能会更为广泛。正如PICC第4.1条中所指出的，在确定合同条款的含义时，应优先考虑当事人的共同意思，因为合同条款的真实意思可能既不同于所用语言的字面意义，也不同于一个通情达理的人赋予它的含义，前提是这种特有的不同理解在订立合同时是当事人共有的。但实际情况是"不应过分估计该原则的实际重要性"，因为"一旦发生纠纷，实际上极难证明其中一方声称是其共同意图的特定含义"。

《公约》第8条所体现的对于当事人主观意图的探究，被其后的国际商事统

---

[1] Federal Supreme Court（Bundesgerichtshof）27 November 2007 ［X ZR 111/04］，载佩斯大学国际商法学院网站，https：//iicl. law. pace. edu/cisg/case/germany-bger-bundesgerichtshof-federal-supreme-court-german-case-citations-do-not-ident-10，最后访问日期：2024年6月24日。

一法接受并延续。除上述 PICC 第 4.1 条中所表达的对于主观意图的尊重外,《欧洲合同法原则》(Principles of European Contract Law, PECL) 第 5：101 条合同解释的一般规则也规定："（一）合同应依当事人的共同意图加以解释，即使这与用语的字面含义不同；（二）如果能够认定一方当事人意欲合同具有特定的含义，而且在合同缔结时对方当事人不会不知道第一方当事人的此种意图，则合同应按第一方当事人意欲的方式加以解释；（三）如果依据第一款和第二款无法认定某种意图，合同应按与双方当事人属于相同类型的通情达理之人在相同情况下所会赋予它的含义解释。"

三、合理第三人标准

根据《公约》第 8 条第（2）款的规定，如果第 8 条第（1）款的规定不适用，一方当事人的声明和其他行为应根据与另一方当事人同等资格、通情达理的人在相同情况下会作出的理解来解释。值得强调的是，第（2）款中的合理第三人的检验标准不是抽象的理性人的检验标准，而是要求裁判者在语言背景和技术技能等方面假设与另一方当事人同类的"合理人"。在一个瑞士的案件中，卖方将一台二手纺织机卖给了买方，买方收到货物后，发现有缺陷，要求卖方在一定期限内对机器进行修理。法院指出，根据《公约》第 8 条第（2）款，原告具备相关专业知识，并且知道所购货物不是一台新机器，而是一台 14 年前制造的旧机器，与最新技术差距甚远，因此，买方有责任了解清楚机器的状态和各项配置，而其是在了解清楚机器的技术性能和各项配置之后才签订合同的，因此不能主张设备没有达到相应的技术标准。[①]

《公约》第 8 条第（2）款将举证责任分配给准备与另一方协商的一方或者是为进行协商而起草合同的一方。当双方拥有不同的语言和法律制度时，提出订立合同建议的一方必须避免使用模糊不清的表述。这源于广泛存在的 Contra proferentem 法律原则（against the offeror），即不利于提供者原则。这一原则要求合同提供方所使用的意思表示应使同等资格的第三人得到相同的理解。用于书面文件的解释，意为文件中的模棱两可之处应作最不利于文件起草者或文件提供者的解释。霍诺德教授认为，其考虑的依据是由于合同条款通常由拥有更多

[①] CLOUT case No. 877 (Bundesgericht, Switzerland, 22 December 2000).

资源和经验的一方起草，因此这种适用可能实现更公平的结果。① 美国《第二次合同法重述》第206条对其表述为，"在允诺、协议或其中的条款的合理含义中进行选择时，不利于词语或书面文件提供方的解释应当优先适用"。PECL第5：103条对其表述为："对未经个别商议的合同条款存有疑义时，应作不利于使用该条款之当事人的解释。"这一原则的适用实际上在国际货物买卖中具有特殊意义，当事人基于不同的语言和法律环境时，提出建议的一方必须避免使用晦涩难懂的表达方式，并且应当考虑到在不同地区或环境中具有不同含义的商业术语。

部分学者认为，《公约》并未解决这一类特殊情况，因为特定合同的当事人可能与在相同情况下的合理人的理解不同。② 但笔者认为，这种问题并不需要担心，因为在当事人的理解或真实合意与合理人不同的时候，可以适用《公约》第8条第（1）款，发现双方当事人的真实意图。如果可以证明双方当事人的真实意图的内容，且双方达成一致，则应当适用当事人的真实合意。而这也符合《公约》第8条第（1）款和第（2）款的适用次序，即在第（1）款不能适用的情况下适用第（2）款的规则。

对于格式条款的解释，《公约》并未制定特别的规则，但注意到格式条款的特殊性，在其后的统一法制定中，通常会将格式条款作特殊的处理，因为其往往不能反映当事人实际的合意。PICC第4.1条的评论中指出，在对于标准条款的解释中"主观"检验标准和"合理性"客观标准可能并不总是合适的。鉴于其特殊性质和目的，"标准条款应主要根据其普通用户的合理期望来解释，而不论有关合同的任何一方或与双方当事人同类的通情达理的人可能具有何种实际理解"。

四、外部因素的考虑

《公约》第8条第（3）款列出了判断当事人真实意图可以考虑的相关因素，但这样的列举并不是穷尽的，实际在第8条第（3）款的适用中是可以考虑其他的因素的。比如，PICC第4.3条就增加了"合同的性质和目的""所涉交

---

① John Honnold, Uniform law for international sales under the 1980 United Nations convention, 4th ed., Wolters Kluwer Law & Business (2009), pp.157-158.

② Donald J. Smythe: Reasonable Standards for Contract Interpretations Under the Cisg, 25 Cardozo Int'l Comp. Pol'y & Ethics L. 1, p.13.

易中通常赋予合同条款和表述的含义""惯例"等因素。PECL则进一步增加了"诚实信用和公平交易"。

（一）合同订立的背景及合同目的

《公约》第8条第（3）款要求法院或仲裁庭审查与合同有关的一切情况，其中合同的背景可能需要考虑订立合同时的各种客观背景，订立合同的目的、有关行业或市场的性质及当事人知识和经验的相对状况。

合同解释应当根据其使用的语言普通的含义或通常的含义来进行解释，因为很多学者都注意到，文字本身并不具有不变的和绝对的含义。因此在解读合同时，应当从整体上考虑订立合同时的背景、订立合同当事人及合同所依据的交易判断合同文字的真实意图。而合同双方谈判时的背景情况，在判断合同是否为双方最终合同文本以及合同文本的完整性的时候显得尤为重要。

而在合同解释中应遵循的一个基本原则是使合同起草的商业目的有效。因此，应当尝试确定合同的目的并在解释中尽可能实现这些目的。《公约》中虽然没有明确的规定，但现在合同法普遍认为合同的目的也是解释合同的重要原因之一。PICC第4.3条（d）项指出，在解释当事人意图时应当考虑"合同的性质和目的"，而中国《民法典》中实际也有相应的规定。

但同时应当注意的问题是，裁判者应在多大程度上避免得出他们认为非商业的结果？裁判者不应以自己的理解或所谓的商业标准或商业目的去重写合同，即使合同条款看起来有些出乎意料或不符合商业逻辑。因为当事人是合同的最终起草者，如果不存在限制行为能力或欺诈胁迫、显失公平等背景，对于相关商事主体所起草的文本应当保持足够的尊重，即从第三方的角度来看文本内容是不合理的或不符合商业逻辑的，但这可能就是双方当事人真实合意的一个结果。

（二）合同上下文

通常情况下，同一合同中条款的上下文是发现双方当事人真实意图或解释合同真实含义的重要依据。合同解释不应是一种字面主义解释，或只侧重于对特定条款的措辞进行解析，而应当将合同作为一个整体来考虑，所有的合同条款均应放在整个合同上下文中阅读。例如，一个英国判决中所说，当事人在有关合同中使用的词语"必须以整个文书的内容为背景"。[①] 因为合同文本被起草

---

① Charter Reinsurance Co. Ltd. v. Fagan [1997] AC 313 (HL), p. 384.

在同一文件中，其必然应当作一个协调的解释，从而反映双方当事人的意图或达到起草合同的目的。在这种情况下，通过上下文解释排除可能产生矛盾的理解是发现当事人意图的一种方式，特别是当文字存在歧义时。

在合同解释中应当考虑合同的上下文以及合同的目的，这一点在我国《民法典》中有明确的表述，其第142条规定，在确定当事人意思表示时，"应当按照所使用的词句，结合相关条款"。《公约》中虽然并没有明确的说明，但其实从判例和相关的国际商事合同法最新规则中，都可以看出这种内在原则的存在。PECL第5：105条指出："条款应从它们表现出来的整个合同的角度来解释。"PICC第4.4条中说明，"合同条款和表述应根据其所属的整个合同或全部陈述予以解释"。

（三）诚信原则的适用

在根据《公约》第8条进行解释时，诚信原则是否应当是一个考虑的因素，特别是在当事人的行为通过该条的解释规则不能达成唯一的解释或者存在相互冲突时，是否应当选择依据诚信原则所得出的结论，《公约》本身没有明确的规定，因此在学术界也存在争议。比如，德国施莱希特里姆教授认为，由于《公约》在第7条和第8条中作了区分，而且在第8条中没有提及在解释当事人行为的时候应当考虑抽象的诚信原则，因此诚信原则不应当作为一个合同解释所需要考虑的因素。[1]

实际上，当考察《公约》起草的背景时则可以发现，其第7条本身就采取了折中的或者说"软"的一个法律原则来规定裁判者在解释《公约》时"应当考虑到遵守诚信的需要"。采取这种折中语言的原因，众所周知是在制定《公约》时，英美法系和大陆法系代表特别是英国代表，基于英国法主张《公约》不应包含一个大陆法中普遍存在的诚信原则。在此情况下，《公约》第8条是关于当事人行为的解释，如果认为其解释本身包含了诚信原则的解释依据，实际上就会导致进一步的强制性的诚信原则在某些方面得以适用。因此根据《公约》目前的条文可以得出的理解是，案件裁判者在依据第8条解释当事人行为意图时是否可以考虑诚信原则，实际是由各国国内法的基本原则决定的。比如，我国《民法典》明确将诚信原则作为解释合同的一种依据，在解除合同时当然

---

[1] Schlechtriem and Schwenzer, Commentary on the UN Convention on the International Sale of Goods (CISG), 5th. Ed., Oxford, Oxford University Press, 2022, p.176.

可以将诚信原则作为一种考虑因素。《民法典》第 142 条第 1 款规定,"有相对人的意思表示的解释,应当按照所使用的词句,结合相关条款、行为的性质和目的、习惯以及诚信原则,确定意思表示的含义"。

虽然很多大陆法系国家的法规并没有像我国《民法典》这样,在关于合同解释或当事人意思表示的解释中,明确将诚信原则列入其应当考虑的因素,但在实践中这种做法并不少见。比如,瑞士法院在一个判决中就明确指出,"双方当事人的声明必须根据合同措辞、语境和诚信原则的合理意义来解释。而依照诚信原则作出的解释至关重要的因素则是从接受方的角度进行解释"。[①]

(四) 行业惯例与交易习惯

国际贸易本身就来源于商人的习惯法,因此在国际货物买卖中存在着大量的习惯和惯例。习惯和惯例对合同起到补充说明和解释条款的作用,可以解决双方当事人约定不明确的问题。行业惯例或者双方之间的交易习惯,被认为是双方当事人之间潜在的一种合意,因此在解释合同条款的时候,这些合意很大程度上可以解释双方当事人约定不明情况下产生的问题。有些观点甚至认为交易习惯以及行业惯例被认为是双方合同默示条款的一部分,并与合同本身具有相同的效力。[②] 在中国国际经济贸易仲裁委员会 2004 年尿素买卖合同争议案中,在确定卖方是否已经备妥货物的时候,仲裁庭考虑到合同标的物尿素属于大宗货物,市场价格经常波动不定,因此,此种货物的交易通常不一定采用"以销定购"的方式,卖方可以不定期购进货物存入港口仓库,一旦买方确定了派船日期,卖方可以随时在装运港存有的货物中进行临时调配。因此,在卖方提供充分证据表明其已经和供应商签订了采购合同的情况下,卖方满足了履行合同项下的备货义务。在这个案件中,仲裁庭正是考虑到了大宗货物国际交易的真实情况,对于当事人的义务履行事实作出了切合实际的认定。[③]

(五) 当事人其后的行为

当事人其后的行为在《公约》第 8 条第 (3) 款中明确地作为解释当事人

[①] Handelsgericht des Kantons Aargau, Switzerland, 26 November 2008, 载 CISG-online 数据库网站, https://cisg-online.org/search-for-cases?caseId=7565, 最后访问日期:2023 年 8 月 5 日。

[②] UNCITRAL Digest of Case Law on the United Nations Convention on Contracts for the International Sale of Goods 2016, p. 63.

[③] 中国国际经济贸易仲裁委员会编:《〈联合国国际货物销售合同公约〉在中国仲裁的适用》,法律出版社 2021 年版,第 37—38 页。

意图的一种证据来源。当然理论界和实务界实际对其是存在质疑的，因为在订立合同后，当事人的行为在某些情况下确实可以解释订立合同时当事人的意图；但有些情况下可能是一方当事人的行为明显地偏离了原来合同的约定，即可能构成对于合同的修改。比如，英国法院对于这种观点并不接受，在一些延续使用英国法的国家法院通常也有类似的趋势。但是很多学者认为《公约》在此的区分其实并不明显，而且是不确定的。[1] 当然虽然存在这种不确定性，而且确实存在当事人行为构成修改合同的可能性，但不能因此就否定当事人其后行为对意图的解释，因为这明显是一种解释依据的来源。只是在使用这种证据解释当事人意图的时候，应当采取更为慎重的态度。

当事人的沉默在解释当事人意图时是一个非常棘手的问题，应当注意的是，在合同履行过程中，特别是在合同已经签订后，当事人的沉默可能被解读为对于对方提议的一种承认。虽然《公约》第18条规定在合同缔结阶段沉默不代表接受，但在合同已经签订后，当事人对对方所提出的问题特别是对与合同约定不一致的履行保持沉默，则有可能被解读为对于这种行为表示的接受，或者可以解释为承认构成双方当事人合意的一种表现。其实深层的法律逻辑是，在订立合同之前双方当事人并没有相互合作的诚信义务存在，因此对于一方当事人的提议，对方当事人并没有予以回应的义务。在合同订立之后，双方当事人存在善意行事的义务，不论这个国家是否存在广泛的诚信义务的要求，因为可能构成禁反言或者使对方产生了一种合理信赖等相关的理论，都可能导致一种同意的意思表示。

在一个瑞士法院的案件中，法院提及依据诚信原则收到文件的一方有义务对于其收到的文件中所不同意的部分表示反对。买方（原告）公司和卖方（被告）已经有11年以上的业务关系。卖方于2002年1月10日发出一份标题为"报价"的传真："我们想提供以下产品：三乙烯四胺99.5%，数量：约70吨，包装：在1000升容器中……"在这之后，双方开始通过电话沟通进行谈判。2002年1月22日，买方向卖方发出书面购买确认书，其中除其他事项外，说明货物净重为60吨，确认书中还载有对质量和交货细节的描述。2002年1月28日，卖方根据买方在书面购买确认书中的要求送交了分析数据。其后由于双方发生分歧，合同最终并未履行。买方称，卖方2002年1月10日的"报价"传

---

[1] Schlechtriem and Schwenzer, Commentary on the UN Convention on the International Sale of Goods (CISG), 5th. Ed., Oxford, Oxford University Press, 2022, p. 189.

真应被视为有效要约,买方在 2002 年 1 月 22 日的购买确认书中接受了该发价。法院认为,根据《公约》第 19 条,订单确认书构成实质性变更合同因而构成一个反要约。在确定双方当事人之间是否产生了合同协议以及确定当事人实际意思时必须考虑整个情况,特别是应考虑到当事人之间的谈判、双方之间的习惯做法、贸易惯例和当事人随后的行为。法院所注意到的重要事实是,卖方在收到购买确认书后并非只保持不作为,其反应是毫无保留地根据买方在购买确认书中提出的要求发送了所要求的文件,并且在往来沟通中明确提及了购买确认书中的条款。法院认为,处于买方地位的人不可能以任何其他方式理解这种行为,除非卖方接受了购买确认书中的内容。如果购买确认书包含不可接受的条件,那么根据诚信原则,卖方有义务向买方表明这一点。在另一个瑞士的判例中,买方和卖方签订了一个原材料买卖合同。买方在收到货物并使用了 10% 的货物后要求解除合同,法院认为根据《公约》第 8 条第 3 款,因为买方在接收货物后并未表示对于货物的不满并且毫无保留地要求卖方寄出发票,因此买方已经接受了货物,并应支付合同货款。[1]

综合相关的判例必须认识到,对于收到的某份对方当事人所发来的文件的一方,无论是一个反要约还是在合同订立后存在的修改合同的建议,收到的一方都应当十分谨慎地行事。因为无论是根据《公约》第 8 条对于当事人行为的解释,还是根据《公约》第 29 条第(2)款第 2 句话中的禁反言原则,收到的一方都有可能被认为通过其行为表示了同意。当然法律在此并无意对于在履行中收到相关文件的一方施加过于严格的责任,因为在履行过程中可能会收到多份由另一方发来的各种文件以及在交流中有可能包含与原始合同不一致的意思表示;在这种情况下简单地由于另一方当事人未表示反对,就认为其同意显然并不是法律的本意。从相关案例中我们可以看到,总体来说收到文件后,单纯的不表示不会构成同意的意思表示。构成同意的意思表示,通常需要某种主动的肯定性的行为,可能是无条件地根据相关文件的规定进行执行,也可能是在履行中对收到的文件进行了引用。另一种情况是当事人保持沉默的行为可能使另外一方当事人给予信赖。此情况下一定要区分禁反言原则的适用和诚信原则的适用。禁反言原则适用的基础是一方当事人的某种行为如使另外一方当事人产生了信赖,那么他就有义务去执行这种承诺,否则会导致不公平的结果。而

---

[1] CLOUT case No. 215 [Bezirksgericht St. Gallen, Switzerland, 3 July 1997].

基于诚信义务的要求可能会更往前进一步。虽然收到文件的一方没有作出任何的行为，但现实表明对方当事人可能会因此产生某种误解，在这种情况下，尤其是在合同已经成立的情况下其有义务向另外一方当事人加以澄清或说明。而这一规则并不改变《公约》第 18 条第（1）款所规定的当事人保持沉默不构成承诺的原则。因为我们通常认为，诚信原则是合同订立之后才存在的某种义务。

五、合并条款（完整协议条款）的意义

合并条款，也称完整协议条款，其目的是防止一方当事人随意地根据书面文件中未载明的协议或其他外部证据，挑战书面协议的内容。① 如果双方确实达成一致，那么合并条款也可以被视为禁止贸易惯例的证据。虽然《公约》第 8 条对外部证据采取开放的态度，但同样认为根据该条，如果合并条款是双方当事人的真实意思表示，则这类条款应当得到尊重。在一个美国案例中，法院指出，"第 8 条要求合并条款必须反映'双方当事人'的意旨，如果任何一方当事人的意旨相反，他们之间的合并条款就无效"。② 而在确定此类合并条款的效力时，应考虑双方的声明和谈判以及其他相关情况。③ 因此由于《公约》本身并未涉及合并条款的效力问题，判断该条款的有效性及所涉及的范围，仍然是依据《公约》第 8 条判断双方当事人的真实意图以发现其是否通过此合同条款最终排除了所有外部证据。此外，《公约》第 9 条要求法院或仲裁庭确定双方当事人业已同意的任何惯例和他们之间确立的任何习惯做法对双方当事人均有约束力。因此通常情况下，合并条款一般不会被视为排除第 9 条第（1）款下相关的贸易惯例或有关交易隐含背景的既定惯例，除非特别提及这些习惯和惯例。

与《公约》的基本态度一致，其他的国际统一私法原则也并不简单地由于合并条款的存在而全面排除外部证据的使用。PICC 第 2.17 条规定，"若一个书面合同载有一项条款表明该合同包含了双方当事人已经达成一致协议的全部，则此前的陈述或协议均不能作为证据对抗或补充该合同，但该等陈述或协议可用于解释该书面合同"。PECL 第 2：105 条区分了单独协商产生的合并条款和非

---

① 比如这样一个合同条款："This Agreement, along with any exhibits, appendices, schedules, and amendments hereto, encompasses the entire agreement of the parties, and supersedes all previous understandings and agreements between the parties, whether oral or written"。
② U. S. District Court, Southern District of New York, United States, 23 August 2006.
③ CISG Advisory Council Opinion No. 3, 4.1.

单独协商产生的合并条款。如果书面合同包含一个经过个别商议的条款，声称书面合同体现了全部的合同条款（合并条款），则任何未从文字中反映出来的事先的陈述、保证或合意都不是合同的组成部分。如果合并条款未经个别商议，则只能确立如下假定：当事人并非想让它们事先的陈述、保证或合意作为合同的组成部分。此项规则不得排除或限制当事人事先的陈述可被用于解释合同。

综合上述，现代国际统一私法原则的观点与《公约》的内涵基本一致，也就是在合同中加入合并条款，并非排除所有外部证据的决定性方式。沿着《公约》第8条的思路，依然需要把它放在当事人意思解释的范畴来判断双方当事人是否打算通过这样一个条款，使得最终签订的书面合同成为最终的唯一的排他性的协议文件。

六、结语

综上所述，当事人之间订立的合同，作为反映双方合意、记载划分双方权利义务的最重要的文件，通常应当得到遵守。法院或仲裁庭在一般情况下倾向于尊重当事人的合同条款，依据合同条款的内容进行判决或裁决。而关于合同的解释，其实存在四个层次的问题：第一，当合同本身存在模糊不清的时候，引用外部证据去发现双方当事人的真实意图是最为普遍的一种合同解释的情况。第二，涉及合同的补充，如果双方当事人在合同中没有对相关问题进行约定，法律或者外部证据可能作为"gap-filling rule"（填补空白规则）或者"default rule"（默认规则）对合同进行相应的补充。是否允许使用外部证据解释合同的判断基础是双方当事人是否排除了外部证据，是否意图使相关签订的合同包含双方合意的全部内容。第三，此问题争议最大，也即双方当事人之间存在一份明确的合同，合同本身并不存在模糊不清或者歧义，但是当事人真实的合意与目前合同记载的条款不一致。这种情况下是尊重现在的合同条款还是尊重外部证据所证明的双方当事人的真实意图，通常是让人觉得棘手的问题。而在《公约》体系之下，书面形式是在确定和解释合同条款时应考虑的多种情况之一，但只是其中一种。[①] 在很多场合中，普遍的观点认为，结合《公约》第8条和第11条的相关规定，根据《公约》所制定的国际货物买卖交易中的书面协议，仅仅是证明双方之间协议或者意思表示的证据的一种，并不比其他的方式更为

[①] CISG Advisory Council Opinion No. 3, 2.2.

重要，或者更有证明效力。在《公约》起草过程中，加拿大代表曾提出口头证据规则的建议，但最终被否决。当然，《公约》也并没有否定书面合同的意义，只是允许通过寻求外部证据去判断双方当事人的真实意图是否将书面协议作为双方最终的意思表示，或者是否表明书面协议的效力高于其他形式的证据。这可以通过合同严谨的语言加以表达，也可以通过其他形式的证据加以证明。第四，在当事人明确通过合并条款排除外部证据适用的情况下，是否还可以用外部证据去解释或者补充合同，甚至直接对抗合同中的明确条款。无论是《公约》还是其他现代商事合同法都认为，依然需要探究合并条款是否为双方当事人最终合意的内容，其中也包括通过外部证据去发现双方当事人对该合并条款的真实意图。《公约》体系下，体现了对于双方当事人意思自治的充分尊重，因而关于合同的解释，需要最大限度地探究双方当事人的真实意图。

(责任编委：潘楚婧)[①]

[①] 中国国际经济贸易仲裁委员会仲裁研究所职员。

国际商事仲裁中的禁诉令制度之本土化构建

陈建华[*]

摘　要：随着我国统筹推进国内法治和涉外法治，加强涉外领域立法观念的深入人心，助推了国际商事仲裁制度的改革完善。同时，对外开放的逐步深入以及我国人民对世界认知的视野逐渐开拓，促使我国国际商事仲裁法律制度方面的弊端与不足日益明显化，建立健全涉外法律制度的愿望也日趋强烈，而国际商事仲裁中的禁诉令制度就是其中一个法律问题。为此，我们需要就国际商事仲裁中的禁诉令制度的源起、现状和价值进行论述并对在目前的条件下如何实现国际商事仲裁中的禁诉令制度本土化进行探讨。

关键词：国际商事仲裁　禁诉令制度　本土化

一、引言

党的二十大报告指出，"加强重点领域、新兴领域、涉外领域立法，统筹推进国内法治和涉外法治，以良法促进发展、保障善治"。[①] 近年来，国际商事仲裁实践中，我国企业经常在普通法系国家或地区遭到当地的禁诉令，这不仅严重威胁企业在当地开展商事商业活动，对我国涉外司法水平与应对能力更具考验。何谓禁诉令？禁诉令（anti-suit injunction）是对仲裁庭或法院受理后但尚

---

[*] 陈建华，法学博士，湖南科技大学法律硕士专业学位实践型硕士生指导教师，湖南省郴州市中级人民法院民三庭副庭长、四级高级法官。本文系2022年湖南省教育厅科学研究项目"国际标准必要专利禁诉令与反禁诉令的冲突及其解决路径"（22A0079）的阶段性成果。

[①]《高举中国特色社会主义伟大旗帜 为全面建设社会主义现代化国家而团结奋斗——在中国共产党第二十次全国代表大会上的报告》，载共产党员网，https://www.12371.cn/2022/10/25/ARTI1666 7050-47474465.shtml，最后访问日期：2024年7月1日。

未作出裁判的案件，由法院向当事人发出要求其停止诉讼或仲裁的禁止性命令。① 禁诉令自15世纪产生于英国以来，一直备受普通法系国家推崇。作为国际商事仲裁中一项重要的司法制度，禁诉令制度不仅包含普通法系国家在特定时期内的主要价值观念，也是该时期的主流思想意识体现。"我国改革开放的水平日益提高，促使中国企业在国外的贸易、投资也随之增加，国际商事仲裁中应当如何理性看待并妥善处理禁诉令制度，成为当前极具挑战和具有重要现实意义的重要研究课题。"② 本文拟从国际商事仲裁中的禁诉令制度之源起和现状切入，廓清该制度产生和发展的历史背景，并通过对该制度的价值分析，提出在我国如何实现国际商事仲裁中的禁诉令制度本土化的一些浅见。

二、国际商事仲裁中的禁诉令制度之源起和现状

禁诉令制度的产生在国际商事仲裁中绝非偶然，而是存在特定历史背景的。鉴于国际商事仲裁中的禁诉令制度产生的历史背景对于正确理解并规范适用该制度具有十分重要的意义，笔者试图从此角度进行探究。

大约在15世纪，国际商事仲裁中的禁诉令制度在英国最先被确立。英格兰普通法院（common law courts）为了抑制教会法院（ecclesiastical courts）扩张管辖权，而向后者发出了禁令状（writ of prohibition）。接着，为了规制恶意诉讼，英格兰衡平法院（court of chancery）使用此种禁令阻止当事人向普通法院起诉。③

禁诉令原本只在英国用来规制恶意诉讼与抑制国内管辖权扩张，后来，随着时代的发展变化与社会的不断进步，其逐步在国际私法领域进行扩张，用来对英国与外国法院之间的管辖冲突进行平衡与协调。

在此之后，由于普通法系传统的影响力在全球范围内逐步扩大，美国、加拿大、澳大利亚等普通法系国家或地区在国际民事诉讼中广泛使用禁诉令。并且在大陆法系国家也得到了承认，譬如2009年10月14日，在区域品牌案中，法国最高法院对美国法院签发的禁诉令进行确认：美国法院因合同中管辖权条款的约定而享有对该案的管辖权，该法院就一方当事人因对方违反合同条款而

---

① 傅攀峰：《国际商事仲裁中的禁诉令：特殊性及其应对》，载《河北法学》2021年第8期，第132页。
② 傅攀峰：《国际商事仲裁中的禁诉令：特殊性及其应对》，载《河北法学》2021年第8期，第133页。
③ D. Altaras, The Anti-Suit Injunction: Historical Overview, Arbitration, 3 (2009), pp. 327-333.

向法国提起诉讼而签发的禁诉令并未违反国际公共秩序。① 除此之外，我国香港地区也有禁诉令制度。

禁诉令能够在普通法系国家或地区纷纷确立以及被吸收，这与其本身价值和功能是分不开的。针对世界各国诉讼与仲裁制度的发展进程进行研究不难看出，禁诉令不仅对本国与外国诉讼起到平衡抑制作用，而且在国际层面能够客观积极地化解国家之间的裁判冲突和有效避免当事人之间的诉累。为此，禁诉令逐渐被确立。从这一点来看，可以说禁诉令在普通法系国家的确立是历史发展的必然趋势。

三、国际商事仲裁中的禁诉令制度之价值分析

禁诉令制度在国际商事仲裁历史发展进程中最早起源于英国，已经走过了700多年的历史，而且从其发源地英国扩展到普通法系国家，甚至已被国际公约认可。毋庸置疑，禁诉令制度在我国的确立具有十分独特且非常重要的价值。

（一）与国际接轨的需要

禁诉令制度是普通法系国家在争取"减少当事人诉累和平衡国家管辖权"的过程中逐步确立的，是对重复起诉、仲裁等侵犯人身权利、财产权利等情况的彻底否定，禁诉令制度的确立深刻地折射出了国际私法的进步、法治文明的光辉。这一人类文明的共同成果理应被我们继承。"从实践角度来看，建立本国禁诉令制度不管是对部分大陆法系国家或是英美法系国家都是非常必要的，禁诉令制度的建立不仅能够高效、有序地保障国际仲裁的运行，而且能够对国际仲裁纠纷解决机制起到补充作用。在经济日益发展的今天，我国国际贸易日益频繁，为保障国际贸易交易安全以及规制市场秩序，我国应当加速建立、健全禁诉令制度，以填补国内法律空白。"② 并且，"在当事人双方存在有效的仲裁协议的情况下……签发禁诉令是符合《承认及执行外国仲裁裁决公约》（以下简称《纽约公约》）的立法精神和法律规定的，这同样也符合国际趋势中尊重和保护当事人'意思自治'的司法内涵"。③ 我国作为《纽约公约》的缔约国，建立禁诉令制度也是履行缔约义务的重要体现。

---

① 赵景顺、周兢：《对英国禁诉令制度的思考》，载《人民司法》2015年第17期，第107—111页。
② 黄海辰：《论国际民商事仲裁领域中禁诉令制度在我国的构建》，广西师范大学2016年硕士学位论文。
③ 孙会志：《"禁诉令"若干法律问题研究》，外交学院2008年硕士学位论文。

（二）有利于维护我国主权

根据《中国国际商事仲裁年度报告（2020—2021）》，2020年全国259家仲裁委员会共受理案件400711件，其中，传统的商务仲裁案件为261047件，相比2019年减少了20364件。2020年全国仲裁案件总标的额达到7187亿元，比2019年减少了411亿元。其中有61家仲裁委员会共受理了2180件涉外、涉港澳台案件。[①] 实务中，倘若我国仲裁机构正在审理有效的国际仲裁协议案件，一方当事人通过向有利于自身的法院提起诉讼而罔顾仲裁协议，势必会对另一方当事人造成不便，更会阻碍我国仲裁机构对仲裁的审理，甚至会造成对仲裁机构的负面评价。但是假设我国能够借鉴英国禁诉令制度的经验，使得禁诉令签发以后可以规范当事人诉讼权利，我国司法主权便能够通过禁诉令的形式主动行使，从而可以在可能涉及国家利益的情况下提供有力的司法保障以应对可能造成的破坏。

（三）有利于维护我国企业的合法权益

近年来，在国际知识产权诉讼中，我国一批具有全球影响力的通信领域企业频频收到域外涉华专利禁诉令。比如，在A公司与B公司之间的专利权案件中，为了拖延A公司向中国某法院申请执行关于B公司停止侵犯A公司中国专利的判决，美国某法院向A公司发布禁诉令，要求A公司在该法院审理之前不得申请执行。英国高等法院则更是明确自己能够管辖包括C公司中国专利在内的所有专利的全球费率，要求A公司向中国某法院申请撤回针对C公司提起的反垄断诉讼。[②] 倘若我国法律制度中设置禁诉令制度，则可以满足选择仲裁一方解决纠纷的内在需求，在法定情形及程序下通过法院发布禁诉令，直接阻止对方当事人选择在国外的法律规定下提起诉讼，防止产生不必要的麻烦以及程序拖延，有效保障仲裁程序快速解纠功能的实现。

四、国际商事仲裁中的禁诉令制度的本土化之思考

（一）国际商事仲裁中的禁诉令制度本土化的可行性

当前，禁诉令制度能够在中国实现本土化，具有以下三个方面的原因：

[①] 中国国际经济贸易仲裁委员会主编：《中国国际商事仲裁年度报告（2020-2021）》，法律出版社2021年版，第1页。

[②] 仲春：《专利国际诉讼中反禁诉令的司法应对》，载《知识产权》2018年第4期，第91页。

第一，我国"支持仲裁"的理念为我国确立禁诉令制度奠定了一定的基础。实现本土化有两大因素：一是能够借鉴，这是前提条件。二是能够被国民所接受，这是关键条件。①"知常明变者赢，守正创新者进。"随着我国改革开放的不断深入，全面依法治国进程的不断推进，"一带一路"建设步伐的加快以及长三角一体化、粤港澳大湾区、自贸试验区建设战略的有力推进，仲裁在国际与国内发展战略中的作用越来越大。为了适应时代的发展进步，我国为支持仲裁事业，出台了不少创新举措。禁诉令制度作为普通法系国家的"舶来品"，尽管在当今还存在一些"水土不服"的情况，但是我们可以考虑在中西方仲裁文化方面寻求共同点。当前，我国普遍认可"支持仲裁"的理念，这与域外实行禁诉令制度的国家或地区存在共同的文化基因。当前，对于普通法系中关于禁诉令的制度设计我们可以引入并借鉴，其可以成为在司法实践过程中"支持仲裁"的司法理念，并且可以高效有序地保障我国仲裁功能的实现。同时，经过一段时间的理论探讨和仲裁文化宣传，理论界中越来越多的学者赞同禁诉令制度本土化构建，而且相当一部分学者认为，重要的不是应不应当构建禁诉令制度，而是在我国如何构建禁诉令制度。②

第二，我国完善的仲裁制度为确立禁诉令制度奠定了一定的基础。我国民商事案件管辖权与管辖规则以及妥善协调国际民商事诉讼管辖权冲突受到前所未有的重视③。一切都为禁诉令制度的引进提供了良好的外部条件。一是明确仲裁庭对仲裁协议管辖权的自主审查权。为了凸显仲裁庭的作用，2021年7月30日，司法部公布了《中华人民共和国仲裁法（修订）（征求意见稿）》。该征求意见稿明确了仲裁庭对仲裁协议管辖权的自主审查权。一方面体现了仲裁程序自主的特性，仲裁司法审查聚焦在程序，尊重仲裁庭的实体裁量权；另一方面也有利于快速推进仲裁程序，提高仲裁解决纠纷的效率。二是明确涉外民商事案件由专门的审判庭或合议庭审理。2022年11月15日，为优化涉外民商事案件管辖机制，便利中外当事人诉讼，进一步提升涉外民商事案件审判质效，最高人民法院发布了《关于涉外民商事案件管辖若干问题的规定》，自2023年

---

① 参见邓志伟：《符号学视角下的司法礼仪透视——法院文化的表达与实践》，载《河北法学》2014年第4期，第60页。

② 2022年10月28日下午，《仲裁法》修订与涉外仲裁发展高端座谈会在京成功举办，会议由中国仲裁法学研究会主办，中国国际经济贸易仲裁委员会、中国海事仲裁委员会为支持单位。

③ 《关于〈中华人民共和国民事诉讼法（修正草案）〉的说明》，载中国人大网，http：//www.npc.gov.cn/npc/c2/c30834/202309/t20230906_431582.html，最后访问日期：2024年6月11日。

1月1日起施行。该规定明确了各级人民法院管辖涉外民商事案件的机制，明确涉外民商事案件由专门的审判庭或合议庭审理。

第三，法律实践中存在禁诉令制度。我国是受大陆法系影响较深的国家，虽然目前没有给禁诉令一个"名分"，但海事和知识产权领域很早就出现了类似禁诉令的法院指令，目前在法律的实践中也多将禁诉令转化为保全措施来推进，并非一片空白。

从国际标准必要专利禁诉令实证研究来看，目前，我国存在首个具有禁诉令性质的判决——康某公司诉某技术公司案①。在该案的裁决中，其实法院运用了利益受损的比较方法，考虑到如果不采取行为保全措施，某技术公司将遭受巨大的在德利益损失以及在华利益损失，而康某公司在德国诉讼的核心利益是德国诉讼所涉及的标准必要专利许可费，把不采取保全措施某技术公司将遭受的巨大损失与康某公司的核心利益进行比较，显然某技术公司的损失更为惨重，以此为衡量基础，且某技术公司提供了与康某公司在德国诉讼中请求的专利侵权赔偿数额相当的担保，判决康某公司不得在我国法院判决作出前申请执行德国一审判决已经充分考虑到了康某公司的利益，有理有据，也是为了保护我国司法程序免受干扰和妨碍，且考虑到了国际礼让等因素。从此案可以看出，我国法院在处理标准必要专利诉讼时，更加注重诉讼的统一性和外国诉讼对我国诉讼的影响，并采取宽松的标准看待两诉之间的实质性关联。人民法院的审判着重考察的是禁止诉讼的措施是否有助于保护申请人的权益、能否避免大量

---

① 参见最高人民法院（2019）最高法知民终732号民事裁定书，详见中国裁判文书网，最后访问日期：2024年6月20日。该案具体情况如下：康某公司位于卢森堡，致力于以专利谈判盈利，是一家非专利实施实体（NPE），其在2011年收购了诺基亚2000项专利，本案涉及的就是这2000项专利中一系列有关移动通信标准的专利。康某公司于2017年7月在英国向法院请求认定某技术公司专利侵权，违反了公平、合理、无歧视（FRAND）原则并申请发布禁诉令。然而，某技术公司认为其域外专利效力不在英国法院的管辖范围之内，英国法院若管辖则违反了不方便法院原则，2018年4月被英国法院驳回。某技术公司对此进行上诉，于2019年9月又被英国上诉法院驳回。2018年1月某技术公司向中国江苏省南京市中级人民法院提起诉讼，请求判定某技术公司对于康某公司的部分中国专利不侵权，而对其余康某公司有效且有权授权的标准必要专利（SEP）确定中国的FRAND许可条件，包括费率。就在中国诉讼进行的同时，康某公司也在德国杜塞尔多夫地区法院提出了对某技术公司的诉讼。2018年8月德国杜塞尔多夫法院判定某技术公司在德国销售的通信产品侵犯了康某公司的标准必要专利，并发出了销售禁令。并且，只要康某公司提供了担保就可以申请法院强制执行。面对如此销售禁令，某技术公司迅速向我国最高人民法院提交了不予执行德国杜塞尔多夫法院该项判决的行为保全请求。2020年8月28日，最高人民法院作出了行为保全裁定，禁止康某公司在我国终审判决作出前申请执行德国法院的判决，并处罚金。该裁定虽然依据的是行为保全制度，却有着和国外禁诉令相当的效果。后康某公司不服该裁定，申请复议。最高人民法院就该复议归纳了6个争议焦点，逐一进行分析，最后双方和解，某技术公司撤案。

损失,这种损失包括如果不签发禁诉令,当事人涉案专利产品将在国外市场上被禁止销售甚至会逐渐退出海外市场,并且被迫承担不合理的许可费率等,以及禁诉令的影响仅涉及当事人双方的利益而不影响公共利益,不会过度干预法院审理以及判决。

从海事诉讼禁诉令实证研究角度来看,华某保险公司案①是我国内地正面回应禁诉令的第一个经典案例。根据本案可以看出:在海事领域我国法院承认禁诉令与否,还与时间的先后顺序有关,如果双方当事人已经接受了我国法院的管辖,又向存在禁诉令制度的地区法院提起禁诉令的申请,则我国法院是不予承认的,并且我国趋向于用海事强制令解决海事诉讼问题。针对具体的海事纠纷,海事强制令的时效性保护了我国当事人的利益,纵使面对强势的禁诉令,也能及时提供救济措施。海事强制令制度暂行禁诉令的功能在一定程度上也符合我国的立法和司法现状,审视我国当前的法律制度,海事强制令其实是应对国外禁诉令的土壤,实践中与立法上都有了先例,我们应该立足于当前的法律体系和框架,深入思考海事强制令的适用范围是否应该扩大,并通过更加完善的法律规范来加以管控。我们需要从全新的角度去探究如何有效应对禁诉令,并为当事人提供实质性的解决方案。这种处理方式或许是当前比较理想的做法,可以帮助当事人摆脱被禁诉令所困扰的窘境。后期,当禁诉令可以更加系统化和规范化的时候,在海事领域引入禁诉令就能形成完备的禁诉令制度。

从国际商事仲裁禁诉令实证研究角度来看,典型的案例是某实业集团公司、

---

① 武汉海事法院(2017)鄂72行保3号民事裁定书,详见中国裁判文书网,最后访问日期:2024年6月20日。我国华某保险公司与某租船公司发生提单所涉货物运输纠纷,案情具体如下:2017年6月2日,华某保险公司向武汉海事法院提出诉前海事请求保全,并于当日获得法院批准并扣押了被请求人租船公司的一个货轮。随后,6月8日,华某保险公司向武汉海事法院提起了一项海上货物提单纠纷诉讼。诉讼请求为要求被告赔偿损失,并承担相关诉讼费用。武汉海事法院予以立案,并向被告送达了起诉书副本,以确保双方的权利得到充分保障。然而,被告租船公司并未在规定期限内提出管辖权异议,而是向香港法院申请颁发禁诉令,理由是其与华某保险公司之间存在有效的仲裁协议。香港法院于2017年6月29日颁发HCCT28/2017号禁诉令,责令保险公司撤回在中国内地提出的针对租船公司的提单纠纷诉讼。武汉海事法院裁定,由于被告没有在法庭上表达对法院管辖权的异议,因此此法院同意华某保险公司的诉讼请求,作出海事强制令,并要求租船公司撤回香港的禁诉令。最终,武汉海事法院对双方进行了调解,经过一番谈判,香港的禁诉令也被撤销。

青岛某船务公司海上、通海水域财产损害责任纠纷案①。在国际商事仲裁领域，我国法院的处理模式就是，面对外国法院签发的禁诉令，要么直接忽视，要么具体问题具体分析，首先判断管辖协议是否有效，在管辖协议不能约束本案当事人的情形下，即否认仲裁协议的效力，即使存在禁诉令，也不能排斥我国法院的管辖权。

第四，回应实务界认同禁诉令制度的需要。"司法制度的革新并非出于一时的立法冲动，而有其现实来源，有时甚至源于一个司法事件或是某种权利需求。"② 实务界对禁诉令制度的需求又是怎样的呢？为了对禁诉令制度前瞻性适用作出正确的估量，笔者对我国中部 H 省从事涉外案件审理工作的法官进行访谈，就"在我国建立禁诉令制度"的问题与他们进行沟通、交谈，笔者对他们的观点进行了归纳与整理（见表1）：

表1　我国是否需要建立禁诉令制度问卷调查情况

序号	回答
法官1	没接触过，但非常值得研究，能建立起来更好。
法官2	能更好地保护国际商事仲裁当事人合法权益。
法官3	赞同，但是目前时机还不成熟。
法官4	确实有能够提升纠纷解决的效率等方面的价值。
法官5	对涉外的双方仲裁当事人是一种保护，赞成。
法官6	可以作为我国国际商事仲裁程序完善的方向。
法官7	赞同，但先要赋予仲裁庭自裁管辖权。

---

① 最高人民法院（2022）最高法民再15号民事裁定书，详见中国裁判文书网，最后访问日期：2024年6月20日。某实业集团公司、青岛某船务公司海上、通海水域财产损害责任纠纷案中，虽然汇某公司与江某公司的代理人李某林签订《协议》，约定适用英国法，该协议下的一切争议提到伦敦仲裁。并且，汇某公司提交了一份由英国高等法院作出的请求人为汇某公司、被请求人为某实业集团公司的禁诉令，主要内容为：被请求人对请求人提起的任何索赔必须根据《协议》约定提交英国伦敦仲裁；被请求人终止在中国进行的诉讼程序，除可向伦敦仲裁庭提起仲裁外，不得就《协议》引起的或与之相关的内容对请求人提起任何诉讼或采取进一步行动；被请求人不迟于2018年12月31日撤回其在中国青岛的诉讼。但是法院认为，本案中某实业集团公司并非汇某公司与江某公司签订《协议》的当事方，其并未与汇某公司达成仲裁协议，不应受《协议》中约定的"本协议下或与本协议有关的任何争议与索赔均应提交伦敦仲裁"的约束。此外，中国法院并不承认英国仲裁庭签发的禁诉令，亦不能约束某实业集团公司，因此本国法院具有管辖权。本案中，就是一方当事人认为仲裁协议有效，而我国法院却因主体不适格的情形下不承认仲裁协议的效力，也不承认禁诉令，导致法院与仲裁之间管辖权的冲突。

② 湖南省高级人民法院研究室编：《公正司法与行政法实施问题研究——湖南省法院系统第十一届理论研讨会论文集》，湖南人民出版社2014年版，第303页。

从表1可以看出，许多法官对在我国确立禁诉令制度给予了肯定回应，有的法官特别强调对涉外仲裁当事人的权利保护。在笔者看来，这也反映出确立禁诉令制度的现实必要性。

（二）国际商事仲裁中的禁诉令制度本土化的现实困境

我国要确立禁诉令制度，就必须对该制度拟运作的法治环境进行全面与细致的评估，笔者认为，目前我国确立禁诉令制度的现实困难主要有三：

第一，我国的立法与实践阻碍了禁诉令制度的本土化。鉴于我国的成文法传统，我国对于高度依赖法官自由裁量权的仲裁禁诉令秉持非常谨慎的态度，当前，我国立法层面对于仲裁禁诉令并没有进行成文法律规定，在仲裁实践层面对于仲裁禁诉令也没有因保障仲裁管辖权而签发禁诉令的典型案例。

第二，禁诉令制度不受国际社会喜爱阻碍了禁诉令制度的本土化。在国际上禁诉令的合法性备受争议，基于该制度的设计从源头上就剥夺了当事人的辩论权而形成裁判，其本身就属于国家单方面的司法强制行为。正如美国乔治·贝尔曼（George Bermann）教授所言，各种临时措施在国际诉讼过程中被引用或采取，均没有一项措施如禁诉令般引发如此大的争议与讨论。[①] 一些国家无论是理论界还是实务界，对于禁诉令制度均存在争议，甚至一些国家纷纷对该制度进行限制，还有一些学者对该制度一直持反对的态度[②]。

第三，禁诉令制度本身备受争议严重阻碍了禁诉令制度的本土化。从禁诉令制度本身来看，因其与国际礼让原则、外国司法主权原则均存在冲突，使得外国法院认为其自身和本国法律受到了"不礼貌待遇"。譬如，"特罗帕伊佛罗斯"二号案［The Tropaioforos（No. 2）（1962）］中，德国法院认为："英国对德国人发出的禁诉令，倘若德国人在该国有居住地或可供执行的财产，则可认为是对当事人发出的禁诉令；反之，两者均无之时，则可认为该禁诉令威胁和

---

① George A. Bermann, The Use of Anti-Suit Injunctions in International Litigation, Columbia Jourrnal of Transnational Law, 28（1990）, p. 589.

② 例如，比利时汉斯·范·霍特（Hans Van Houtte）教授认为，在《布鲁塞尔公约》《洛迦罗公约》所构建的欧盟民事诉讼法律框架下，公约成员国不可干预另一公约成员国的法院程序。而禁诉令与这两大公约的宗旨存在根本冲突。参见 Hans Van Houtte, May Court Judgments that Disregard Arbitration Clauses and Awards be Enforced under the Brussels and Lugano Conventions? Arbitration International, 13 (1997), p. 92.

挑战德国的司法主权"。①

（三）国际商事仲裁中的禁诉令制度本土化的必要性

一是实现互惠原则的需要。当前，我国有关禁诉令的案例，只略见于国际民事诉讼领域的平行诉讼，且大部分都与知识产权案件、海事案件有关。② 与此同时，在应对境外法院签发的禁诉令时我国内地法院也仅仅停滞在诉讼层面。譬如，2017年武汉海事法院在处理一起海事货物运输合同纠纷中要求被告向香港高等法院撤回禁诉令申请时，而作出的海事强制令。③ 但在海外，中国当事人却经常遭受境外法院或仲裁庭发布的禁诉令。如此，则在客观上导致因本国立法的掣肘而产生的一种非互惠状况，即我国法院或仲裁庭无法通过禁诉令的形式强制留住管辖权，但我国公民在国外则可能因遭遇仲裁禁诉令而无法保障自身的权益，因此就当前情况而言我国亟待构建禁诉令制度。④ 一方面，设立禁诉令制度对涉外平行诉讼具有重要价值，有利于解决涉外国际纠纷。⑤ 另一方面，赋予法院发布仲裁令权限，有利于保障司法对仲裁的协助与支持，不仅可以保护遵守仲裁协议的当事人的权益，而且可以威慑和制裁违反仲裁协议而规避仲裁的当事人，积极有效地维护仲裁的公共政策。⑥

二是有利于维护仲裁管辖权。随着经济贸易全球化的进程逐步加快，目前在域外国际商事仲裁实务过程中我国企业面临禁诉令的案例日益增多，禁诉令在国际商事仲裁领域中的争论日趋激烈，而且负面评价多于正面评价。且不说外国通过禁诉令蛮横干预我国的司法主权，但是我们必须承认，法院禁诉令的发布对于经济发达的域外法治国家或地区维护仲裁管辖权是行之有效的手段。譬如，在我国建立禁诉令制度之后，我国可以明确规定"被发布禁诉令的当事人，如向外国仲裁机构提起仲裁的最终裁决，在我国将不会得到承认与执行"，这有利于我国控制仲裁管辖权，限制因外国裁决对我国法人、其他组织或者公

---

① 张丽英：《"最先受诉法院原则"与禁诉令的博弈》，载《中国海商法研究》2012年第1期，第77页。
② 例如，康某公司与某技术公司等确认不侵害专利权及标准必要专利许可纠纷案，最高人民法院（2019）最高法知民终732号民事裁定书，详见中国裁判文书网，最后访问日期：2024年6月20日。
③ 华某保险公司与某租船公司海上货物运输合同纠纷案，武汉海事法院（2017）鄂72行保3号民事裁定书，详见中国裁判文书网，最后访问日期：2024年6月20日。
④ 张利民：《国际民诉中禁诉令的运用及我国禁诉令制度的构建》，载《法学》2007年第3期，第122页。
⑤ 王娟：《关于我国引入禁诉令制度的思考》，载《法学评论》2009年第6期，第72页。
⑥ 欧福永：《论禁诉令在解决中国内地与香港民商事管辖权积极冲突中的运用》，载《时代法学》2009年第4期，第86页。

民可能产生的不利局面。

三是有利于提升我国国际形象。当前，我国国际民商事纠纷的数量、规模、复杂程度与以往相比，不可同日而语，增长速度之快，对我国国际商事仲裁事业提出了更高要求。随着改革开放和司法对外交流的逐步深入，法治化、民主化进程的加快，人们的法治意识、民主意识、权利意识在逐步增强。我国建立禁诉令制度，从微观上看可以使中国法院与域外法院之间的隔阂与冲突得到进一步缓解与减少，从宏观上看可以更好地塑造中国司法开放、包容的良好国际形象。

(四) 关于国际商事仲裁中的禁诉令制度本土化的构想

正如前述，虽然禁诉令制度在我国构建的方向与目标不难确定，但是禁诉令制度如何在我国实现本土化却是一个极其复杂且十分艰难的课题。正如有学者所言，"方向和目标是不难确立的，但是如何在实现这些方向和目标中，克服一系列的体制和观念方面的障碍，却是极为艰巨的课题"[1]。并且，由于我国的特殊国情，我们不能完全照搬外国的做法。为此，笔者不揣浅陋，试图在以下六个方面对我国的禁诉令制度进行初步探索，以期对我国国际商事仲裁制度的发展与进步有所裨益。

1. 关于禁诉令制度理念的设想

思想是行动的先导。一项制度的确立，首先是与人的理念发生关系，并且关系非常密切。在我国确立禁诉令制度，首先要解决的也是人的思想观念问题。一是正确看待禁诉令制度的优缺点。禁诉令制度与其他事物一样，既有优点，也有缺点，我们需要辩证、公正、理性、客观地看待禁诉令制度。二是要用发展的眼光看待禁诉令制度。随着全球一体化、信息互联的深入发展，国际商事活动必然日益增加，国际商事纠纷必然随之增加，国际商事仲裁也将迅速发展。我们需要恪守"国之大者"理念，用发展的眼光看待禁诉令制度，积极吸收并借鉴禁诉令制度的先进经验。在笔者看来，当前，在我国确立禁诉令制度是顺应国际人权保障潮流之举，有利于履行国际法上的义务，现在我们该讨论的不是应不应当确立禁诉令制度的问题，而是如何通过制度化的调适，使禁诉令制度较为容易地在中国扎根，刺激新鲜而独特的法律观念和法律规范的形成。

---

[1] 陈瑞华：《未决羁押制度的理论反思》，载《法学研究》2002年第5期，第89页。

2. 关于禁诉令制度基本原则的设想

确立禁诉令制度，需要遵循其基本原则。根据目前国际普遍观点，禁诉令制度的基本原则有两个：一是诚实信用原则。作为私法领域的"帝王条款"，诚实信用原则在国际商事仲裁中同样具有基础性地位。在向法院申请发布禁诉令的仲裁协议中，任何一方必当坚守诚实信用，不得有任何欺诈的内在意思与行为形式，否则将被视为滥用自身权利甚至构成侵权。从禁诉令制度设计层面具体来说，法院可以通过设置保证金的方式，防止滥用禁诉令或错误申请造成损失，由此可以通过没收保证金或以保证金赔偿的形式而予以惩罚。二是利益平衡原则。具体到禁诉令制度的设计中，法院自身在审查能否发布禁诉令以及是否赋予相应救济权时，应当允许双方当事人提供书面意见，保障当事人平等的辩论权与陈述权。同时，一旦禁诉令有可能涉及社会公共利益，法院可以根据实际需要或案件具体情况举行听证，并且允许社会公众独立发表自己的意见。此外，在决定是否发布禁诉令时，法院理应遵循比例原则，以必要性、均衡性、适当性为标准，不能轻易地否定或者限制被申请人在域外的诉权。

3. 修改与禁诉令制度冲突的规则

当前，禁诉令制度在我国国际商事仲裁案件中实施之后，有两个规则与之存在冲突：一是是否侵犯他国司法主权的问题；二是与我国关于仲裁庭自裁管辖权原则规定冲突的问题。为了解决这两个冲突，笔者认为，可以从如下两个方面入手：一是修改当前《仲裁法》及其司法解释，为保障仲裁庭自我管辖的权利，应当明确尊重仲裁庭自裁管辖权原则。例如，规定"当事人对仲裁协议的效力有异议的，应当由仲裁机构管辖，除仲裁协议明显无效外，人民法院无权管辖"。由此，不仅为仲裁庭自裁管辖提供了法律保障，同时又保留了在仲裁协议明显无效时法院的监督能力。二是避免侵犯他国司法主权。从国外的禁诉令案件可以看出，被签发禁诉令的当事人在我国没有居住地或无可供执行财产时，如何确保法院禁诉令对其仍具有拘束力和威慑力，是防止因签发禁诉令而涉嫌侵犯他国司法主权嫌疑的焦点所在。因此在制定我国禁诉令制度时，应当将前述情况考虑进去，制定相应的处罚条款确保其拘束力和威慑力。笔者认为，对于在我国没有居住地或无可供执行财产的当事人，其违反禁诉令的执行时，应当明确若其今后出入我国境内或有财产可供执行，立即对其施以处罚措施，并拒绝承认与执行该当事人因违反仲裁协议而获得的外国诉讼结果。只有通过如此严重的处罚结果，才能对当事人产生约束力和威慑力，以保障其对我国禁诉令的遵守。与此同时，我国法院在签发禁诉令时，在保障仲裁庭自裁管辖的前提下，应当更多地考虑到国际礼让原则，尊重、信任外国的法院会对仲裁协议效力或者是否受理诉讼问题作出公正的判断。

4. 关于禁诉令制度签发程序的设想

一般情况下，尽管禁诉令是针对仲裁协议的当事人，但其在客观上限制和约束了外国法院或仲裁庭的管辖权。因此就国际礼让原则而言，在发布禁诉令时法院应当做到自我克制和谨慎小心。结合普通法系国家禁诉令制度与我国现有法律规定，根据我国国际商事仲裁实践情况，笔者认为，在我国国际商事仲裁中，法院发布禁诉令的程序可以通过如下五步实现：第一步，由申请人向有管辖权法院提出禁诉令申请并提供申请书、证据材料、联系方式。第二步，受案法院立案部门进行形式审查。认为符合受理条件的申请，则予以受理；反之，则不予受理。第三步，法院受理后，在法定期限内向被申请人送达相关法律文书，告知其权利义务、提交答辩材料与证据时间等。第四步，根据双方提供的答辩与证据材料，依照国际商事仲裁规定的一审程序组织双方开展庭审活动。第五步，若案件事实清楚、证据充分、程序合法，审查法院可以当庭向被申请人签发禁诉令；若案情复杂，则审查法院应向双方当事人择期宣布不予签发禁诉令的结果。

5. 关于禁诉令制度救济机制的设想

"无救济则无权利。""一项权利必须具有可救济性，一旦遭到侵犯，必须有相应的程序能够对遭受侵犯的权利予以有效的救济，以恢复遭到破坏的正义，使法律所确定的程序恢复到正义的状态，否则，无所谓权利。"[①] 面对禁诉令签发有可能存在错误的情况，需要建立救济制度。笔者认为，一是建立仲裁管辖异议制度。2021 年 7 月 30 日，司法部公布了《中华人民共和国仲裁法（修订）（征求意见稿）》。该征求意见稿明确了仲裁管辖异议制度，即为按照国际仲裁惯例，只要对仲裁庭作出的仲裁协议效力决定有异议，当事人可以申请人民法院审查，以避免当事人不正当地利用规则漏洞，在仲裁机构和法院之间选择"择地行诉"（Forum shopping），降低仲裁效力，损害仲裁权威。二是建立上诉程序制度。可以借鉴我国《民事诉讼法》第 171 条第 2 款规定，作出如下规定：法院签发禁诉令之后，若被申请人对禁诉令不服，可以当庭或者在法定期限内

---

① 陈建华：《论沉默权制度的本土化构建》，载《怀化学院学报》2004 年第 6 期，第 63 页。

向上一级法院提起上诉。若被申请人当庭或者在法定期限内不提出上诉，则一审法院作出的禁诉令生效，对申请人与被申请人均产生拘束力；若被申请人当庭或者在法定期限内向上一级人民法院提起上诉，那么一审裁定不会生效。当然，考虑到禁诉令案件案情相对简单、双方分歧不大的情况，可以建立简易程序，并且规定"自受案之日起 30 日内必须审结"。当然，禁诉令相关文书的送达，需要遵守当前国际普遍遵循的送达方式，并且必须对双方当事人进行送达，且双方当事人签收之日即为禁诉令生效之日。

6. 关于禁诉令制度例外情形的设想

关于禁诉令制度例外情形的设想，笔者认为要建立禁诉令制度"一票否决"机制。"法律制度的设计与存在，不仅与其生存环境、社会状况密不可分，而且与社会公共利益存在紧密关联。"[①] 尽管在我国构建禁诉令制度是必不可少的，但仍然需要对其持审慎的态度。就禁诉令的审查要件而言，法院不仅需要考量是否损害社会公共利益，也需要考虑是否侵犯他国主权，才能作出签发禁诉令的决定。倘若法院发布禁诉令与国际礼让原则相背离，则即便符合前述其他条件，也应当驳回当事人的申请。可喜的是，2023 年 9 月 1 日修正、2024 年 1 月 1 日起施行的《民事诉讼法》认真贯彻落实党中央关于统筹推进国内法治和涉外法治，加强涉外法治建设的决策部署，对涉外民事诉讼程序的"特别规定"一编作了诸多修改和完善：一是修改管辖的相关规定，进一步扩大我国法院对涉外民事案件的管辖权；二是顺应国际趋势，增加平行诉讼的一般规定、不方便法院原则等相关条款；三是进一步修改涉外送达的相关规定，着力解决涉外案件"送达难"问题，提升送达效率，切实维护涉外案件当事人的合法权益；四是完善涉外民事案件司法协助制度，增设域外调查取证相关规定；五是完善外国法院生效判决、裁定承认与执行的基本规则。

结语

党的二十大报告明确提出，坚持全面依法治国，推进法治中国建设，统筹推进国内法治和涉外法治，为国际商事仲裁高质量发展提供了根本遵循。当前，是促进国际商事仲裁高质量发展，抓住我国《仲裁法》修订的契机，推动建立符合中国国情、与国际接轨的国际商事仲裁法律制度，国际商事仲

[①] 梁上上：《制度利益衡量的逻辑》，载《中国法学》2012 年第 4 期，第 80 页。

裁中的禁诉令制度就是其中一个重要制度。笔者希冀通过本文的探索与思考，为国际商事仲裁的禁诉令制度的本土化构建提供些许参考，为完善我国《仲裁法》贡献微薄之力。

（责任编委：田雨酥）[1]

---

[1] 中国国际经济贸易仲裁委员会国内案件处职员。

论仲裁协议对非签署方诉权限制的法理依据

杨敦毅[*]

摘 要： 国际商事仲裁作为跨境争议解决模式不断兴起，并且开始与国际民事诉讼平分秋色，通常仲裁协议只会对其签署方发生效力。一些主体因为多种原因对仲裁系争标的享有利益，却因为并非仲裁协议形式上的签署方而处于尴尬境地。通常情况下，一方面，一些主体虽然是形式上的仲裁协议非签署方，却影响甚至操纵了仲裁协议的签订，也有主体因为主合同而获利。这些主体或为了获得不合理的利益，"恶意"向其他国家的法院起诉。另一方面，也有非签署方虽然与案件存在各种联系，但碍于他们并非仲裁协议签署方，为了保障自己的权利不受损失，只能寻求所在地国家法院的救济。不将其纳入仲裁程序则可能导致国际民事诉讼与商事仲裁程序并行存在，阻碍仲裁裁决在全球的自由流动。实践中，仲裁庭约束仲裁协议的非签署方有一定难度，本文希望可以根据各种法理上的依据进行论证，从而赋予这种权利限制正当性。本文将围绕限制非签署方诉权的必要性和实施这种限制的理论依据进行论述。

关键词： 仲裁协议 非签署方 平行程序 诉权限制

仲裁的基本原则是自愿和意思自治，这一点毋庸置疑，因此在绝大部分情况下，没有仲裁协议则绝无仲裁的可能。但是，也存在一些例外情形，使得仲裁协议的非签署方可能与仲裁发生一定的联系，这也就使得让非签署方参加仲裁产生了一定的必要性。仲裁庭为了更"集中"地行使管辖权、查明事实、保证仲裁裁决的可执行性，会希望非签署方能够参加仲裁，而并非另行起诉；"非

---

[*] 杨敦毅，上海市浦东新区人民法院法官助理。

签署方"在本文中应当被认为指向并非仲裁协议的明显缔约方,而不是被理解成在纸面协议上签章之外的主体,或者是广义上的"第三人""案外人",这一点已经为许多法域的立法和实践所证实,这些地区承认即便不是仲裁协议的"形式"签署方,也存在着进入仲裁的空间。①

本文中的"非签署方"应当满足的条件是:并未成为仲裁协议形式上的当事人,即无签名盖章等,并且与主合同所载基础法律关系或者仲裁标的之间存在着足够联系,这需要仲裁庭或者法院自行判断。② 从反面来说,那些与本仲裁案件的基础法律关系没有联系的纯粹"第三人"或者"案外人"不应当被限制另行起诉的权利。

一、诉权限制具有必要性

仲裁和诉讼是世界上绝大部分争议解决所采用的方式,通常的设想是在一套法律程序内将争议尽可能解决,然而长期以来国际上都存在着平行程序的问题,也就是对于同一标的,既存在仲裁程序,也存在诉讼程序,二者存在相互"竞争"的关系,这样不仅不利于纠纷的一次性解决,也使得争议解决成本飙升。对仲裁协议的非签署方限制另行起诉,能够有效避免平行程序,减少对各方不必要的干扰。

(一)符合仲裁协议签署方的利益

对仲裁协议的签署方来说,如果存在与本案争议有利害关系并且还可能需要承担相应责任的非签署方,如担保人、保险人等,那么基于理性经济人的考量,绝大多数签署方都希望能够尽快解决这一纠纷,因此他们自身有意愿让非签署方加入仲裁,这样也能够让他们免于卷入另一国法院诉讼程序的"泥潭"。

(二)有利于仲裁庭公正高效裁决

对仲裁庭而言,为了保证仲裁裁决不因为他国法院的判决而难以得到承认与执行,也希望能够集中处理仲裁协议签署方与非签署方之间的争议,这也给

---

① The term "non-signatory" has been used throughout this work to refer to persons who are not apparent parties to the arbitration agreement. This terminology should not be understood to mean that signature apposed on the agreement is a strict requirement for being bound by the agreement itself. As explained by Park,"[M] any developed legal systems recognize unsigned commitments to arbitrate". William W. Park, Chapter 30: Non-Signatories and International Arbitration, in the leading arbitrators' guide to international arbitration 707, 708 (2014).

② Fisser v. International Bank, 282 F. 2d 231, 1961 A. M. C. 306 (2d Cir. 1960).

了仲裁庭出面干预的理由。由于仲裁协议的非签署方与案件存在足够的联系，很有可能他们对案件情况的了解程度不逊于签署各方，这也能够帮助仲裁庭更快查清事实。

（三）保证裁判结果的唯一性

避免平行程序也能够保证裁判结果的唯一性，即便是同样的仲裁庭或合议庭，针对同一个案件，在不同的时间段进行审理，都可能出现或多或少的偏差，更遑论仲裁庭和一国法院。它们之间存在着较大的认识差异，如就同一份损害赔偿事项，二者可能作出不一样的判断，仲裁庭认为应当支持仲裁请求，而法院认为只能支持部分请求，那么在本国已有生效判决的前提下，仲裁庭所出具的仲裁裁决在该国法院很难得到承认与执行。

（四）体现支持仲裁的司法理念

当前世界上通行的主要争议解决模式就是诉讼、仲裁和调解。目前，把争议提交民间组织更为灵活地解决已经成为一种共识。对我国而言，大量案件涌入法院，"案多人少"的现象日趋严重。从法院的角度来说，除了最基础的解决纠纷的职能，更多的还应当承担制定司法政策、统一法律适用的功能。仲裁的宗旨和功能之一就是案件分流，避免案件过度涌入法院。那么，在这种情况下，仲裁庭约束非签署方，实质上也是符合人们对于替代性纠纷解决机制的期望的，它能够体现法院对于仲裁的友好态度，顺应国际上"支持仲裁"的趋势。

二、限制非签署方的具体理论

（一）合同相对性原则在仲裁领域的突破

可以明确的是，仲裁协议（包括合同中的仲裁条款等其他形式的协议）本身体现了当事人将争议提交仲裁的意思表示，是一类特殊的合同，兼具程序性与实体性。由此，作为合同的一个分支，仲裁协议自然会受到合同相对性原则的约束，但如同合同相对性原则也具有许多例外，仲裁协议并非一成不变地只对签署方生效，非签署方同样可以因为"穿透"仲裁协议相对性而受到约束。

1. 僵化遵守仲裁协议相对性具有弊端

在国际商事仲裁中，如果僵化地遵守这一原则，则可能会造成纠纷解决的僵化死板。同时，在某些情况下，仲裁协议的非签署方如果无法加入仲裁，不

仅难以维护自身权利,也可能让事实查明更加困难,造成审理程序的拖延等后果。具体而言,包括以下四个方面:

(1) 造成纠纷解决的僵化死板

仲裁协议的相对性可能导致在案件审理时过分追求形式上的"签署"要求,忽略了非签署方在未签署合同中的潜在利益。[①] 实际上,非签署方进入仲裁程序,并不意味着会作出对其不利的裁决,也可能是事实调查和法律适用的需要,如果僵化地适用这一原则,甚至可能引发较为尖锐的争议。[②]

此外,对于仲裁协议的严格的文本解释可能会造成当事人的不便,若认为仲裁协议相对性必须严格遵守,则可能出现在系列合同案件中,某一合同的签署方就该部分合同可以申请仲裁,剩下的部分作为非签署方则只能去提起诉讼。但实际上,在这些问题具有高度关联性的情况下,强行分割给仲裁庭和法院,显然既不利于纠纷的一次性解决,也可能导致仲裁裁决和法院判决的不一致性。[③] 例如,在科罗维案中,法院在仲裁裁决执行阶段以上述原则认为裁决不能针对担保人(借款公司的大股东)执行,[④] 而实际上这个大股东也在仲裁程序中控制了借款公司。

(2) 损害非签署方的利益

实际上,仲裁庭通过限制非签署方另行起诉,并非恶意损害其权利,相反,许多非签署方因为无法通过常规方式进入仲裁程序,只能选择去法院起诉,而仲裁协议效力的扩张恰恰为其提供了参与程序的机会。换言之,将仲裁协议的非签署方约束到仲裁程序中并不是对其权利的限制,实则是对其权利的保护。而如果过于严格贯彻合同相对性原理则可能导致实质上的拒绝司法。仲裁来源于当事人授权,获得国家确认是与诉讼并列的有法律保障的争议解决方式。[⑤]

---

① John Adams & Roger Brownsford, Key Issues in Contract 125-60 (1995), at 152-56, 160-61; Guenter Treitel, Some Landmarks of Twentieth Century Contract Law 47-105 (2002) at 582-85; Julian D. M Lew, Loukas A. Mistelis & Steffan M. Kroll, Comparative International Commercial Arbitration 141 (2003). (Where "a party not expressed to be a party seeks arbitration, the central issue is whether under the general principles of contract law, the arbitration agreement can be extended to a non-signatory"), at 141-49.

② Cf. the decision of Mr. Justice Graham in Roussel-Uclaf v. G. D Searle & Co. Ltd. & G. D Searle & Co., [1978] 1 Lloyd's Rep. 225. (Eng. H. C.).

③ Andrew Tweeddale, Incorporation of Arbitration Clauses, 68 JCI Arb. 1 48 (2002).

④ The "Verso", [1979] 2 Lloyd's Rep. 412 (Eng. Q. B.).

⑤ 在我国,《民事诉讼法》《仲裁法》依照宪法制定,保障当事人选择仲裁的权利;在其他国家,仲裁也具有宪法和法律基础,否则有权的法院随时可能宣布选择仲裁解决争议的条款无效,因为其所依据的法律违宪。

当仲裁条款约定争议应当提交仲裁解决时，如果仍然坚持仲裁协议相对性原则，那么此时非签署方不能直接参加仲裁，也无法对可能影响他们权利、利益的仲裁裁决提出反对意见。此外，关于获得司法救济的另一个问题就是非签署方无法出示可能会影响仲裁结果的证据，但是其自身却受到仲裁结果的影响，可能需要对签署方承担一定责任。在无法参与程序的情况下却有承担责任的风险，这对他们来说是有失公平的。除此之外，在原签署方破产、解散或转让等情况下，非签署方的实体权利都可能受到主合同仲裁结果的影响。[①] 有学者曾说，"不管仲裁裁决是否可能会影响非签署方的利益，让其能够参与仲裁程序应当是合理的选择"。[②]

（3）存在裁判结果不公正的潜在风险

过分遵守合同相对性可能会导致商业上难以接受的程序结果。试想当事人因为需要遵守合同相对性而只能向当地法院起诉，当地法院作出的裁判很有可能是依据当地的环境和规定，那么很可能与国际商事交易的习惯不同。这就会影响当事人之间商业的安排。与此同时，向当地法院起诉还可能受到不同程度的拖累和负担，如行政效率低下等。相比之下，国际商事仲裁拥有更统一和中立的标准，裁决的终局性和程序效率对各方都有利。

（4）让仲裁合意落空

过于遵守仲裁协议相对性原则还可能导致诉讼程序对仲裁协议的一方或多方不利。按照现有的司法实践，非签署方作为原告挑选法院时，必然会选择对自己有利的法院，而对其他的被告来说则可能存在种种不利因素，如法院所在国语言不通、程序效率低下、费用高昂等。相似地，签署方如果不能援引仲裁条款，那么与仲裁相关的优势例如金钱成本、中立性、效率、终局性与保密性等都会丧失，当事人选择仲裁的本意实际上也无法实现。[③]

2. 突破仲裁协议相对性存在法律上的余地

目前在仲裁程序中，如果要让非签署方加入，通常的做法分为如下两部分：

[①] Bremer Vulhan Schiffbau und Maschinenfabrik v. South India Corp Ltd., [1981] App. Cas. 909, 979 (Eng. H. L.). Uncitral Model Law on International Commercial Arbitration 1985, Art. 7. See also Arbitration and Conciliation Act, Cap 19 1990 (Nig.) Sec. 4, and Arbitration Act 1996 (Eng.), Sec. 9 (4).

[②] Cf. Osun State Government of Nigeria v. Dalami, [2003] 7 NWLR (Pt. 818) 72, (Nig. C. A.).

[③] The Elizabeth H, [1962] 1 Lloyd's Rep. 172; Federal Bulk Carriers Inc v. C. Itoh & Co. Ltd., [1989] 1 Lloyd's Rep. 103; Grupo Torras S. S. v. Sheik Al-Sabah, [1995] 1 Lloyd's Rep 374 (Q. B. (Comm. Div.)) and Petroleo Brasiliero S. A. & Ors v. Mellitus Shipping Inc. & Ors, [2001] 2 Lloyd's Rep. 203 ("The Baltic Flame") (Eng. C. A.).

一是征得仲裁协议签署方和非签署方的同意；二是签署方在仲裁协议中以明示或默示的方式，将决定是否允许非签署方加入的权利授予仲裁庭，但这种做法是在仲裁协议相对性的框架下进行的，已经逐渐不能满足实践中的需求。

(1) 尚无法律明确禁止仲裁协议相对性的突破

部分人认为，引入仲裁协议非签署方的基础还是当事人授权，仲裁庭没有单独的来自法律授予的权力将非签署方引入仲裁，但这种观点是错误的。[①] 事实上，《仲裁法》即便没有明确规定仲裁庭无法将非签署方引入，也并不意味着仲裁庭被禁止这样做。英国顾问委员会对此作出过解释，他们采取的观点是：非签署方是否能够加入仲裁，可以取决于签署方的合意，也可以根据仲裁机构制定的仲裁规则来确定。[②]

在布雷武尔汉造船机械厂一案中，法院认为仲裁庭与法院在保护权利与给予救济上具有相同的权力，这种权力是不得被剥夺的，因为法院与仲裁庭"同属相同行业——司法部门，他们遇到的问题是相同的，因此也应当配备相同的争议解决手段。在本案中，提交仲裁的当事人默认将管辖权'授予'仲裁庭，也因此移交了本属于法院相关的给予救济与权利保护的权力"。据此，法院驳回了非签署方的起诉，要求其参加已经发生的仲裁程序。[③]

(2) 仲裁协议本身具有容纳非签署方的张力

目前，越来越多的学者认可了仲裁协议存在着扩张的可能。马歇尔（Marshall）曾经表达过其观点："仲裁是把至少两方之间的争议提交第三方，在听取各方意见之后作出决定。" 与此类似的观点还认为，仲裁作为一种争议解决机制，不仅可以根据双方合同产生，也可以根据多方合同产生。在某些情况下，原只有双方签署的仲裁协议也可以扩张到非签署方。[④]

仲裁协议的性质和结构决定了其具有一定的张力，能够容纳特定的、与本案有关的非签署方参与仲裁，而不是局限在原始的缔约方之间。认为合同是罗马法上那种"纯粹的、双方之间的法律义务"，并且仅根据这种原则对仲裁协

---

① Stewart Shackleton, Annual Review of English Judicial Decisions on Arbitration, 2001 Int'l ALR 206, 216 (2002), 216; Sigvard Jarvin, Sources and Limits of the Arbitrator's Powers, 2 Arb. Int'l 140, 141-42 (1986).

② DAC Report, para. 181 cited in The Bay Hotel and Resort v. Cavalier Construction Co., 2001 WL 825663, [2001] UKPC 34 (P.C.).

③ Bremer Vulhan Schiffbau und Maschinenfabrik v. South India Corp Ltd., [1981] App. Cas. 909, 979 (Eng. H.L.) at 921 (D) - (E).

④ John Tackaberry, Arthur Marriott, Bernstein's Handbook of Arbitration and Dispute Resolution Practice, 2003, p. 15.

议进行解释和适用，这样得出的结论是过时的，也是难以令人信服的。①

在新西兰航运公司一案中，法官驳回了非签署方的起诉，认为由仲裁庭审理本案并无不妥。因为"在处理本案与合同标的物有关的问题时，由本案的非缔约方支付对价相比起原始缔约方更为合理"。② 即便事实是只有两方签订了仲裁协议，法院也不认为要把所有的潜在相关当事人都排除出仲裁程序。

（3）仲裁庭公正裁决的必然要求

尽管仲裁庭的组成是基于当事人双方缔结的合同，是当事人授权组建成的"私人法庭"，但是仲裁庭在组庭之后就拥有了根据合同、准据法和仲裁规则处理本案程序问题的权力，不再局限于当事人的授权。为了公正审理案件，仲裁庭应当能够主动采取行动。仲裁效率性原则使得仲裁庭有权在必要时让其他当事人加入或者让仲裁协议的非签署方依据仲裁协议提出自己的请求或抗辩，目的是让案件事实尽可能明确、清晰。商业交易中的当事人无法预见当时某种商业上的安排以后会如何发展，因为"现实中的商业交往如同一个树状图一样进行分叉，当事人不可能同每一个可能产生联系的非签署方都签署仲裁协议，某个非签署方也不一定有能力追溯到最原始交易的情形，如果在这种情况下，还需要严格遵守仲裁协议相对性的原则，在国际商业交往蓬勃发展的背景下则显得不合时宜了"。③

3. 突破仲裁协议相对性的具体实践

（1）仲裁条款并入

所谓仲裁条款并入，系指合同内本没有约定仲裁条款，但概括地将其他合同之内的仲裁条款之条款合并，使之成为合同的一部分。仲裁协议的非签署方也同样可以被强制参加仲裁，只要仲裁条款表达得足够宽泛，就有仲裁条款并入从而突破仲裁协议相对性的空间。④ 判断标准则是当事人是否在仲裁条款中严格约定了只限制当事人参加。

在现代商业活动中，各主体之间分别签署了不同的合同，并且所期望达到的目的一致，这些合同可以作为一个整体或体系（以下称为系列合同）进行解释。这有助于判断合同双方的合作意图，协调明显存在冲突的条款，并且能够

---

① Julian D. M Lew, Loukas A. Mistelis & Steffan M. Kroll, Comparative International Commercial Arbitration, 2003, p. 141.
② New Zealand Shipping Co. v. Satterthwaite & Co. [1975] App. Cas. 154 (N. Z. P. C.).
③ The Bay Hotel and Resort v. Cavalier Construction Co., 2001 WL 825663, [2001] UKPC 34 (P. C.).
④ Progressive Cas. Ins., 991 F. 2d at 47-48.

尽可能让每一条款都有效。一份合同可能缺失仲裁协议,但有可能把系列合同中其他合同所规定的仲裁条款适用到该合同上,换言之,系列合同中部分合同缺失仲裁协议不代表双方提交仲裁的意图缺失,亦不代表双方没有约定争议解决方式,只要能对这一合并过程进行清晰和直接的解释即可。当合作双方有很明显的仲裁意图,受案法院会通过条款并入的方式批准强制仲裁的请求,自然也会支持仲裁庭对非签署方进行约束。例如,双方在一系列合同中,只在一份合同中约定了仲裁条款,只要没有相反约定,该系列合同均可被认定为具有可仲裁性,并且应当在同一套仲裁程序中解决。[1]

也就是说,如果仲裁协议所使用的语词足够宽泛,则可以赋予合同项下几乎所有的诉求可仲裁性,若一份仲裁协议约定"本公司与被保险人之间产生的任何争议、与本合同和相关合同有关的解释,以及与交易相关的任何权利都应当提交仲裁解决",当管辖权的争议被提交到法院的时候,法院通常会采取有利仲裁的解释,将"与交易相关的任何……"解释为所争议的合同与其他一系列合同构成不可分割的整体,具有足够的联系。换言之,即便这份合同没有仲裁协议,法院也会尽量认定系列合同间存在紧密联系,支持在争议解决方式上保持一致性,强制仲裁协议的非签署方进行仲裁,从而突破了仲裁协议的相对性。

(2)合同权利义务的转让

合同权利义务的继受人,尽管是原仲裁协议的非签署方,但是同样属于可能突破仲裁协议相对性从而被强制参加仲裁的对象。法院在对航运促进公司与远洋集装箱公司一案进行审查时表示:"即便是仲裁协议的非签署方也可能需要受限于仲裁程序和仲裁裁决,这体现在仲裁协议非签署方表达自己愿意受到仲裁协议约束并将这种争议提交仲裁解决的表示中。"[2] 当推定非签署方具有这种意图时,法院就应当强制非签署方参加仲裁;或者当一个实体将自己的权利义务概括地转移给另一方,那么此时虽然受让方并非仲裁协议的签署方,但由于仲裁作为一项权利义务并存的条款,此时非签署方已经受让了全部的权利义务,自然也应当包括仲裁条款。那么仲裁庭在面对相同情况的时候,也能够要求非签署方参加仲裁。

---

[1] Herbert A. Huss, M. D., P. C. v. James D. Loftus, M. D., P. C., 143 A. D. 2d 114, 531 N. Y. S. 2d 361 (2d Dep't 1988).

[2] Uloth, J. Douglas, Equitable Estoppel as a Basis for Compelling Nonsignatories to Arbitrate-A Bridge Too Far, 21 Review of Litigation, 593-634 (2002).

以保险合同为例,保险合同中的保险人负有向受益人按月支付人身损害赔款的义务,双方之间存在将争议提交仲裁的条款。但后来受益人将保险合同项下的权利转让给保理公司,由此保理公司获得了按月收取款项的权利。法院认为,保理公司受到仲裁协议和仲裁裁决的约束。因为合同权利义务的受让人也可以成为该协议的缔约方,并且必须在合同约定的情况下进行仲裁,尤其是当受让人从受让的合同中获得直接利益的时候。只要在没有对合同转让有限制的情况下,转让一旦生效,受让人将会享有合同项下的所有权利和利益。作为合同的组成部分,仲裁条款也不可分割地一并转让,受让方都应当持续受到仲裁协议的约束。

(二) 刺破法人面纱

刺破法人面纱制度与法人人格独立相伴而生,在各国有不同的叫法,我国法理上将这一制度总结为"法人人格否认"。刺破法人面纱这一名称形象地体现了其制度内涵与目的,就是要摆脱法人独立人格这一形式上的"壳",让股东与公司共同承担责任。

1. 概念与意义

刺破法人面纱是指,当公司的股东对公司施加了过度影响,影响到法人的人格和财产独立,侵害了他人利益时,突破公司这一形式上的"外壳",追究股东的责任。如果子公司在受到母公司控制的情形下签订一份合同,并且合同中约定了仲裁条款,那么母公司由于不是仲裁协议的签署方,则可以抗辩其不受仲裁条款的约束,这会造成不利的后果。假设该母公司就同样的争议另行起诉,势必会阻碍仲裁程序的进行,甚至可能让已经作出的仲裁裁决在相关国家被"架空"。实际上,这个子公司只是母公司控制下的"傀儡",目的是规避相关的法律义务,在这种情况下仲裁庭将仲裁协议的非签署方纳入仲裁程序的依据值得探讨。

刺破法人面纱制度对于仲裁协议约束非签署方具有一定意义。首先,有利于明确股东权利使用的界限。刺破法人面纱制度曾遭到一些误解,有人认为有限责任公司是当今世界上"最伟大的发明",如果没有有限责任制度的话,公司难以正常经营。但其实,刺破法人面纱是在法人人格独立之外的补充。真正的目的是检验是否存在滥用公司形式、逃避责任的行为,绝大多数情况下都只是为了明确股东是在"合理使用"还是"滥用"有限责任。尽管公司的有限责任能够产生较大的社会利好,鼓励投资者只承担有限的、合法的商业风险,但这种宽容并不意味着投资者可以滥用公司形式和股东有限责任逃避监管。

其次，有利于保证仲裁在纠纷解决机制中的地位。股东控制公司签署仲裁协议后又另行起诉这一行为，不利于构建正常的商事争议解决渠道，仲裁作为商人们普遍愿意选择的争议解决模式，看中的就是其自治性和仲裁裁决的可执行性。但如果这类仲裁协议因为母公司另行起诉导致仲裁裁决实质上难以执行，那么日后仲裁的地位就有可能不复从前，导致大量的纠纷又要涌入法院。

最后，有利于减少"恶意"的选择法院与提起平行程序的行为，保护交易秩序。由于现在国际层面判决的流动性远远不及仲裁裁决的流动性，因此争议各方都会绞尽脑汁挑选对自己最有利的法院，进一步加剧挑选法院和平行诉讼，导致权利难以真正得到实现。如果这种现象得不到遏制，不仅会损伤交易秩序，也会鼓励公司通过多层持股、交叉持股等商业安排控制仲裁协议的内容，由此，一旦仲裁进程不如所愿，股东就可能通过另行起诉不合理地获取利益。

2. 域外司法实践

为使刺破法人面纱这一行为更具合理性，从而让仲裁协议能够限制背后真正的"操盘者"，同时避免损害法人人格独立这一原则，世界各国的法院在仲裁司法审查的过程中探索出了相关的标准和方法。这套标准的核心是：母公司支配并控制作为仲裁协议签署方的子公司，以至于子公司达到了一种难以按照自己意志进行商业交易的程度。这种控制既可以由法人股东（母公司）施加，也可以由自然人股东实现。

对于法人股东，建联集团（香港）有限公司一案中，外国的项目承包商在美国境外提起了针对外国分包商的仲裁，并且试图让位于美国的分包商之母公司也能够参与仲裁。法院认为，母公司对作为分包商的子公司施加了过度控制和支配，因此足以认定母公司是子公司的幕后操盘者。要认定这种控制关系，需要从子公司入手，如母公司使子公司失去独立的公司架构，公司的财务和领导层与母公司相互交织。具体体现在母子公司之间可能具有相同的领导层、子公司不存在独立的利益中心，完全或在很大程度上依赖于母公司，或者母子公司具有相同的办公场所、经营场地等。[①]

不仅如此，公司还可能因为被自然人股东过度控制而失去独立的地位。在 ARW 勘探公司一案中，法院认为，在该自然人作为仲裁协议的非签署方，但是

---

① Builders Federal (Hong Kong) Ltd. v. Turner Constr., 655 F. Supp. 1400, 1406 (S.D. N.Y. 1987).

需要强制其参加仲裁的情况下，应当先确认自然人是否同样受到合同中对于仲裁义务的规定约束。本案中，初审法院认可了该自然人应当被强制参加仲裁并且受到仲裁程序约束的意见。法院认为，该自然人股东是签署仲裁协议的公司的幕后操盘者。不论是法院还是仲裁庭，在面对刺破法人面纱时，都应当先推定公司与背后的股东是相互独立的。但在本案中，初审法院否决了这种推定，转而采纳和认可了仲裁庭认定的部分事实，[①] 认为该自然人股东实际上过度控制了公司，该股东采用了欺诈的方式，骗取第三方交易对手的信任，控制其子公司与交易对手签订包含仲裁条款的合同。因此应当被强制参加仲裁。[②]

3. 刺破法人面纱的条件：过度控制关系

在安德鲁·马丁远洋公司一案中，原告（母公司）最初主张其不受仲裁协议的约束，因为其并非主合同的签署方，而主合同中包括了仲裁条款。但法院认为，尽管从合同表面上看原告与仲裁协议确实无关，但是原告作为母公司对子公司进行了非常明显的"控制"，因此本案应当提交仲裁机构就母子公司之间的独立性进行裁判，给出原告是否作为仲裁协议签署一方的控制者，以及其是否应当受到仲裁庭限制的结论。[③] 过度控制关系可以从控制形式和控制手段等方面进行认定。

（1）控制形式

过度控制关系依赖相关事实的调查。股东对子公司的支配和控制情况有时候并不一定需要完全依赖所有权的形式来判断，也就是说，即便是母公司并不持有子公司股权，这种控制同样能够成立，即间接或事实上控制。

其一，以股权形式控制。这种控制也是最基本的一种，通过控制股权从而让股东在公司内部具有更大的话语权。例如，在 P.F. 科利尔及其子公司一案（以下简称科利尔案）中，法院和仲裁庭都认定"母公司持有子公司"100%的股份这一事实，并且认为全资持股是控制关系存在的佐证。[④]

其二，通过兼并进行控制。在卡特莱特案中，法院认为母公司兼并子公司的行为虽然在该州公司法项下是无效的，但并不妨碍母公司对子公司施加了足

---

① 初审法院认为"法院没有权利推翻仲裁庭认定的事实问题"，上诉法院在其判决中也支持了这种做法，只是认为一审法院在论证中应当先行判断自然人股东是否应当受到仲裁协议的约束，而本案中，该股东应当为其控制的公司所作出的行为承担责任。
② ARW Exploration Corp. v. Aguirre, 45 F. 3d 1455 (10th Cir. 1995).
③ Andrew Martin Marine Corp. v. Stork-Werkspoor Diesel B. V., 480 F. Supp. 1270 (E. D. La. 1979).
④ P. F. Collier & Son Corp. v. FTC, 427 F. 2d 261, 267-68 (6th Cir.).

够的控制。①

其三，由他人持股进行间接控制。在托米斯建筑公司一案中，法院认为即便母公司由本案当事人妻子全权持股，而并非其本人直接持股，母公司对子公司同样构成了过度操纵，因此应当在本案中适用刺破法人面纱的规则。②

(2) 控制手段

在科利尔案中，美国第六巡回上诉法院对"控制"这个词进行了阐述："其一，母公司全资持有子公司的股份；其二，母公司和子公司的人事安排基本相同，且在关键部门有负责人和总监及以上级别的人（如母公司的三位销售经理分别作为副总、总裁以及董事会主席任职于子公司，子公司的总裁作为母公司的副总以及子公司的财务主管，财务副主管以及秘书都在母公司担任相同职务）相互任职；其三，母公司设置这些子公司并非为了实际运营任何业务，而通常是为了开展与整个集团公司无关的业务；其四，子公司与母公司共享商业信誉，母公司拥有并行使对子公司的最终控制权。"最终，上诉法院认定案件中的子公司在签订包含仲裁协议的主合同时受到了母公司的过度控制，因此应当根据刺破法人面纱这一制度，强制让作为非签署方的母公司参加仲裁。③

4. 小结

随着跨国公司成为国际商事交往中的重要主体，仲裁领域出现了股东企图逃避责任的现象。在国际商事仲裁中，这种逃避行为最显著的表现就是全资或控股股东作为仲裁协议的非签署方，通过公司架构、持股等方式无理干涉其所属子公司所做的决策，使得子公司与第三方交易对手达成仲裁协议；然而出于各种动机，母公司又向其他法院另行提起诉讼，企图从诉讼中获得对自己更有利的结果。因此，为了保护仲裁庭的管辖权，应遏制非签署方股东恶意拖延仲裁程序。若仲裁庭需要通过刺破法人面纱的方式使企图逃避仲裁协议的股东参加仲裁，可以从如下方式入手。

首先，确认仲裁协议的非签署方是仲裁协议签署方的母公司或实际控制者。其次，应当证明母公司或控制人对相对方存在着控制关系。最后，要确认这种控制关系已经达到了足以使作为签署方的法人难以行使其独立意志的程度。

---

① United States v. Cartwright, 632 F. 2d 1290, 1293 (5th Cir. 1980).

② Establissement Tomis v. Shearson Hayden Stone, Inc., 459 F. Supp. 1355, 1366 n. 13 (S. D. N. Y. 1978).

③ P. F. Collier & Son Corp. v. FTC, 427 F. 2d 261, 267–68 (6th Cir.).

(三) 仲裁中的禁反言原则

禁反言原则能够有效保证权利状态的稳定，这一制度引入仲裁领域亦能够对仲裁协议限制非签署方行使诉权起到积极作用，并且在各国国内法以及国际商事仲裁领域都有类似的运用。

1. 禁反言原则的概念与当代发展

禁反言原则（estoppel），又称公平禁反言原则（equitable estoppel），是一项在普通法系国家普遍适用的法律原则，被作为促进商业交易稳定性的工具和减少欺诈的方法。对禁反言原则内涵的解释可以从其目的入手，即为了保证此前曾通过一方当事人陈述或作出相应行为的内容或事项被给予法律效力并确定为真实的事项，不得通过该当事人的单方行为予以否认、抗辩或使其无效。

就比较法视野下禁反言原则的适用而言，禁反言原则在一些国家已经得到了广泛和充分的运用，尤其是对仲裁协议的非签署方而言。英格兰高等法院已经在一些案件中适用禁反言原则作出裁决，例如在日新船舶有限公司一案中，法院促使作为非签署方的被告根据含有仲裁条款的合同实际履行仲裁协议，理由是该被告已经根据合同的约定收到了支付的款项。并且被告不得"不合理地获得实质利益的同时不承担应当属于他的程序性义务"。[1]

就国际商事仲裁中的禁反言原则，对于强制非签署方参加仲裁，美国各巡回上诉法院都曾经运用过禁反言原则进行裁判。美国第二巡回上诉法院认为，国际商事仲裁协议可以由签署方向非签署方提起，所依据的也就是禁反言原则。第三巡回上诉法院也认为，仲裁协议的非签署方能够依据公平禁反言原则被强制提起仲裁，法院不应当受理相关案件。第四巡回上诉法院在国际纸业公司一案中根据禁反言原则支持了被告作为仲裁协议签署方提出的请求，要求作为非签署方的原告执行仲裁协议，理由是法院认为原告所获得的利益都是基于该案中的合同，而合同中包括了仲裁条款；[2] 相同的理由在阿加劳案中再次出现。[3] 第五巡回上诉法院同样认可了国际商事仲裁协议中对非签署方适用公平禁反言原则的可行性。

---

[1] [2003] EWHC 2602 (Comm).
[2] Int'l Paper Co. v. Schwabedissen Maschinen & Anlagen GMBH, 206 F. 3d 411, 416 (4th Cir. 2000).
[3] Aggarao v. MOL Ship Mgmt. Co., Ltd., 675 F. 3d 355, 375 (4th Cir. 2012).

2. 禁反言原则在限制非签署方上的作用

以美国为例，其联邦最高法院和全体巡回上诉法院都承认，根据禁反言原则，可以针对仲裁协议的非签署方执行仲裁协议，目的是保证在其国内发生的，不论是国内仲裁还是国际仲裁，都能够一视同仁地适用该原则，避免各地法院出现法律适用上的分歧，"也能够让联邦政府更好地监督仲裁协议的执行情况"，① 由此保证美国境内的仲裁协议执行情况具有一致性、稳定性和可预测性。但这种适用也存在一定的限度。美国联邦和地方司法机关对此总结出了一些普遍接受并被适用的评价标准。②

（1）防止非签署方滥用权利

一方面，书面仲裁协议的签署方必须自始依照合同并且按照合同中所规定的术语向仲裁协议的非签署方提出索赔等请求。在安联（美国）保险公司一案中，原告保险公司作为仲裁协议非签署方提出请求，迫使被告（被保险人以及仲裁协议签署方）参加仲裁。③ 法院认为，被告"应当根据禁反言原则，依照自己签署的合同仲裁条款进行仲裁，因为原告索赔中的问题与被告履行……合同义务的方式所产生的问题交织在一起"。

另一方面，仲裁协议的非签署方不能否认禁反言原则对其适用，如果非签署方已经"利用"了这份合同，则法院仍然可以强制该非签署方进行仲裁，而不允许其起诉。对于"利用"，更进一步的解释是：非签署方必须直接从合同中受益。④

最新的司法实践中也出现了类似的情形，即在主合同与从合同（担保合同）的争议解决模式中分别指向仲裁和诉讼，担保人作为仲裁协议的非签署方进行诉讼，是否应当中止法院诉讼程序，等待仲裁机构进行裁决。香港高等法院在一起争议中分析了禁反言原则的内容，认为将交由仲裁处理的事项诉诸法院为滥用程序，而滥用程序也包含于禁反言原则，并在其制药有限公司案中判

---

① Aaron-Andrew P. Bruhl, The Unconscionability Game: Strategic Judging and the Evolution of Federal Arbitration Law, 83 N. Y. U. L. Rev. 1420, 1475 (2008).
② Lenox MacLaren Surgical Corp. v. Medtronic, Inc., 449 F. App'x. 704, 708 (10th Cir. 2011).
③ Allianz Global Risk U. S. Ins. Co. v. General Elec. Co., 470 F. App'x. 652 (9th Cir. 2012).
④ Hays v. HCA Holdings, Inc., 838 F. 3d 605, 609 (5th Cir. 2016); Jones v. Singing River Health Servs. Found., 674 F. App'x. 382, 385 (5th Cir. 2017); Am. Bankers Ins. Group, Inc. v. Long, 453 F. 3d 623, 627–28 (4th Cir. 2006).

决诉讼中止，后驳回原告对原审判决的上诉申请。① 上诉法庭认为，禁反言原则不仅体现了一事不再理或既判力的问题，还包含了反对滥用程序的程序规则，滥用程序可能造成已经生效的裁判受到动摇，不应被支持。② 在本案中，原告与第一被告（借款合同、主合同关系）及原告与第二被告（担保合同、从合同关系）之间需要解决的问题实质上相同，而这一问题能够在仲裁程序中得以解决。如果仲裁结果对原告有利，法院则会根据仲裁裁决作出第二被告"应当受到仲裁裁决约束"的判决从而督促其履行担保义务；若仲裁结果对原告不利，原告和第二被告的争议也不应当再次由法院受理，因为仲裁庭已经就主合同法律关系进行了处理，第二被告作为第一被告的担保人，必须依靠第一被告的意见在诉讼中就同样的问题进行主张和抗辩。如果允许原告或被告任何一方在诉讼程序中提出与仲裁裁决相反的主张，则构成对仲裁结果的动摇，属于滥用程序的诉讼。

可以看出，香港高等法院基于禁反言原则及其延伸出来的"一事不再理"和"反对滥用程序"原则对仲裁协议的非签署方是否应当在诉讼中主张自己的权利进行了充分的论证，表明即便作为仲裁协议的非签署方，基于这样一种合同上的安排（主从合同），也同样应该受到仲裁协议和仲裁裁决的约束。在确保司法公正的前提下，实现整体公正与司法资源合理分配的平衡。

（2）仲裁协议效力延伸的支撑

强制非签署方参与仲裁并不是要突破仲裁的合意性和自愿性这个底线，相反，这样做能够通过更灵活的方式表现出当事人自愿仲裁的意思表示。通常我们把书面仲裁协议的签署作为证据，证明签署双方的仲裁合意，然而这样的做法并不全面，鉴于当前跨国公司的出现、合同相对性的突破，表示自愿参加仲裁的也不应当仅仅局限于这份合同的签字方，我们也应该注意到这份合同涉及的其他主体，他们是否通过特定行为进行了意思表示，抑或通过客观中立的评价来看其存在着的特定意图。由此可以避免对于仲裁协议签署方认定的过度僵化，从而使仲裁协议的效力延伸至非签署方成为可能。③

---

① Fortune Pharmacal Co., Ltd. v. Falcon Insurance Company (Hong Kong) Ltd. and Another, HKCA 66 (2023).
② Virgin Atlantic Airways Ltd. v. Zodiac Seats UK Ltd.
③ Tamar Meshel, Of International Commercial Arbitration, Non-Signatories, and American Federalism: The Case for A Federal Equitable Estoppel Rule, 56 Stan. J. Int'l L. 123, 134 (2020).

美国最高法院曾在通用电气能源集团一案①中进行如下论证："本案裁决目的是对国际商事仲裁产生重要影响……鉴于参加国际商事仲裁的公司通常涉及国际商事交易，这些交易当中有许多行为并非由仲裁协议的签署方作出，如担保人、分包商、借款人以及第三方受益人等。"② 仲裁庭适用禁反言原则，强制非签署方仲裁，不仅能够让裁决更加公平，也反过来捍卫了禁反言原则，有效遏制了权利滥用的行为。

3. 展望：禁反言原则如何在仲裁中运用

在《纽约公约》背景下，只有第 2 条第 3 款涉及仲裁协议的执行，而该条并未限制缔约国适用国内法原则将争议提交仲裁。由于《纽约公约》是以各国国内法为背景起草的，自然不能在没有明确排除性语言的情况下否定国内法原则，相反应当适用它们进行漏洞填充。同时，结合《纽约公约》的制定历史和其他国家的实践经验，可以看出，禁反言原则与《纽约公约》并不冲突。因此，禁反言原则在国际商事仲裁中适用于非签署方是十分恰当、合理的。

在这种情况下，既然仲裁协议的非签署方能够被支持向仲裁协议的签署方提起仲裁，那么，仲裁协议的非签署方自然也有可能基于同样的法律原则而进入仲裁程序，而如果仲裁协议的非签署方罔顾仲裁协议的存在而自行向其他法院提起诉讼的话，为了保证纠纷的一次性解决，法院驳回该非签署方的起诉，由仲裁庭一并管辖也就显得水到渠成了。

三、结语

本文主要探讨了仲裁程序效力扩张的理论依据。在明确"对谁扩张"的前提下，探讨仲裁协议非签署方受到仲裁程序约束的理论依据，将仲裁协议非签署方纳入能够防止纠纷解决的僵化死板问题，促进争议"一揽子解决"，避免损害非签署方的仲裁利益及仲裁合意的落空。目前突破仲裁协议的相对性存在着法律上的余地，没有强制性规定对此进行禁止，且仲裁协议本身就有容纳非签署方的张力。突破仲裁协议相对性主要可以通过仲裁条款并入、合同权利义

---

① GE Energy Power Conversion France SAS, Corp. v. Outokumpu Stainless USA, LLC, 590 U. S. (2020), 2020 WL 2814297, at 4 (2020).

② Lionel M. Schooler, New York Convention Case Update, ABA Dispute Resolution Magazine, Jan. 29, 2020, 载美国律师协会网站，https: //www. americanbar. org/groups/dispute_ resolution/publications/dispute _ resolution_ magazine/2020/dr-magazine-criminal-justice-reform/new-york-convention-case-update/，最后访问日期：2024 年 6 月 11 日。

务转让达成。另外,通过刺破法人面纱、仲裁禁反言原则也可以进一步防止仲裁协议被滥用。最后可以得出结论:为了避免仲裁协议的非签署方滥用程序权利,侵犯其他仲裁协议签署方的利益,在必要的情况下可以突破原则性的规定,从而追求实质上的公平。

(责任编委:赵英)[1]

---

[1] 中国国际经济贸易仲裁委员会天津分会副秘书长、仲裁员。

实务探析

ICSID 仲裁临时措施规则的演变及对我国仲裁机构的启示

——从 RSM 公司诉圣卢西亚案谈起

覃华平　李俊江[*]

摘　要：1965 年《关于解决各国和其他国家国民之间的投资争端的公约》(以下简称《华盛顿公约》) 第 47 条和《国际投资争端解决中心仲裁规则》(以下简称《ICSID 仲裁规则》) 第 39 条[①]赋予仲裁庭作出临时措施的权限。由于条文的规定较为粗略，所以有关临时措施的效力、作出条件、类型等问题学界莫衷一是。实践中，不同仲裁庭对于临时措施也存在不同的理解，给投资者与东道国造成了极大困惑。2012 年的 RSM 公司诉圣卢西亚案（RSM Production Corporation v. Saint Lucia，以下简称 RSM 案）是国际投资争端解决中心 (以下简称 ICSID) 仲裁庭关于临时措施的代表性案例，该案明晰了仲裁庭作出临时措施的效力、保护范围和条件，并首次作出了"费用担保"（security for cost）这一特殊类型的临时措施。ICSID 在 2022 年修订后的《ICSID 仲裁规则》第 47 条实质认可 RSM 案关于仲裁庭作出临时措施条件权限的说理，同时新增第 53 条有关费用担保的规定，这将有助于提升投资仲裁实践的一致性。

关键词：临时措施　ICSID 仲裁庭　仲裁庭权限　投资者—国家争端解决机制

---

[*] 覃华平，中国政法大学国际法学院副教授；李俊江，中国政法大学国际法学院 2022 级硕士研究生。该论文为中国政法大学校级教改项目《国际投资争端解决机制研究：守正、创新与中国因应》的阶段性成果。

[①] 此处第 39 条指 2022 年《ICSID 仲裁规则》修订前有关临时措施的条文，下文若无特殊说明，"《ICSID 仲裁规则》第 39 条"皆指 2022 年修订之前的版本。在 2022 年修订后，《ICSID 仲裁规则》第 47 条规定了有关临时措施的内容。

一、引言

临时措施（provisional measures），又称中间措施（interim measures）或临时保全措施（conservatory measures），几乎被所有司法体系认为是必不可少的工具[1]，从公法到私法，从国内法到国际法都存在有关临时措施的规定。比如，我国《民事诉讼法》第九章专门就"保全与先予执行"作了详细规定，《国际法院规约》第41条第1款规定："法院如认为情形有必要时，有权指示当事国应行遵守以保全彼此权利之临时办法。"临时措施作为一种特殊程序或者附加程序，其根本目的在于及时维护当事人的合法权益免受侵害，保障诉讼/仲裁程序的正常开展。临时措施具有高效率和易操作的优点，因此成为争议解决的重要工具。

国际投资仲裁中亦存在有关临时措施的规定，并形成了较为丰富的投资仲裁实践。比如，《华盛顿公约》第47条、《ICSID 仲裁规则》第39条、《联合国国际贸易法委员会仲裁规则》（2010）（以下简称《UNCITRAL 仲裁规则》）第26条以及诸多仲裁机构制定的国际投资仲裁规则皆对临时措施作了专门规定。综合来看，国际投资仲裁中的临时措施主要分为五类：（1）便利仲裁程序的措施，如证据保全与财产检查；（2）保持现状的措施，如财产保全；（3）保护当事方免受已经发生或即将发生的损害、保证仲裁程序公正性的措施；（4）便利将来裁决执行的措施，如中止平行程序；（5）提供费用担保的措施。[2]

国际投资仲裁基于提起的基础和启动的程序不同，大致可分为《华盛顿公约》体系下的投资仲裁（ICSID 仲裁）与非公约体系下的仲裁（非 ICSID 仲裁）。就 ICSID 仲裁而言，仲裁庭主要在以下三种情形下决定是否作出临时措施的决定：双方当事人就临时措施达成协议、一方当事人提出申请、仲裁庭根据实际情况自行作出。因为《华盛顿公约》第47条和《ICSID 仲裁规则》第39条在规定临时措施时均采用了"仲裁庭可以建议（recommend）临时措施"的表述，导致学界对仲裁庭作出的临时措施决定对当事人是否具有约束力产生了分歧。同时由于条约用语的模糊性与概括性，在2022年《ICSID 仲裁规则》修

---

[1] 参见王孔祥：《国际法院指示临时措施研究》，载《武大国际法评论》2022年第4期，第101页。

[2] Anthony C. Sinclair, Odysseas G. Repousis, An Overview of Provisional Measures in ICSID Proceedings, ICSID Review, Vol. 32, No. 2, 2017, p. 432.

订之前，对于临时措施的保护范围、作出条件等具体内容也理解不一。本文以 RSM 案为切入点，全面论述 ICSID 仲裁实践中关于临时措施的观点，同时对 2022 年《ICSID 仲裁规则》关于临时措施的修订进行评析，进而对我国仲裁机构在制定有关投资仲裁规则时就临时措施的规定提出参考意见。

二、RSM 案涉及的临时措施问题[①]

（一）案情概要

本案申请人 RSM Production Corporation（以下简称 RSM 公司）是一家根据美国得克萨斯州法律成立的公司，被申请人和临时措施申请人均为圣卢西亚政府。

基于 RSM 公司与圣卢西亚之间的一项协议，RSM 公司被授予圣卢西亚一块沿海区域为期四年的排他性石油勘探许可证。之后圣卢西亚与周边国家发生领土边界争端，严重影响了 RSM 公司在该区域的勘探工作。2000 年 9 月 8 日，双方修改协议，修改内容大意为由于边界问题属于不可抗力，迫使圣卢西亚无法履行协议之下的义务，双方同意将协议的期限和义务履行期限延长至边界争端解决的时间。2004 年，双方都承认边界问题依然存在，并同意将协议再延长三年。

2006 年圣卢西亚政府换届以及 2007 年更换总理后，厄尔·亨特利（Earl Huntley）先生于 2007 年 11 月 7 日收到了来自圣卢西亚总理办公室的信件。关于亨特利先生是否能被视为 RSM 公司的代表，双方仍存在争议。按照 RSM 公司所言，这封信件包含一份由圣卢西亚总理签名的协议，该协议内容为将双方之前有关石油勘探的协议再度延长三年。亨特利先生在收到该信件后，又被圣卢西亚要求返还该信件，但圣卢西亚最终并未将该信件再次发送给亨特利先生或者 RSM 公司。

RSM 公司认为，按照双方之间协议的内容，其有权于边界争端解决后在商定区域进行石油勘探。RSM 公司向仲裁庭提出申请作出以下裁决：宣布 RSM 公司与圣卢西亚之间的协议依然有效，禁止圣卢西亚就商定区域与第三方进行磋商或者授予第三方任何勘探权；或者宣布圣卢西亚以违约的形式终止协议，并

---

① RSM Production Corporation v. Saint Lucia, ICSID Case No. ARB/12/10, Decision on Saint Lucia's Request for Security for Cost, August 13, 2014.

责成圣卢西亚向 RSM 公司赔偿因违约而遭受的信赖利益损失。与之相对，圣卢西亚政府请求仲裁庭驳回 RSM 公司的请求，并宣布双方之间的协议失效，圣卢西亚对 RSM 公司不承担任何义务。

2014 年 6 月 6 日，圣卢西亚向仲裁庭提出临时措施申请，要求 RSM 公司为圣卢西亚所花费的巨额仲裁费用提供担保。

（二）双方主张

圣卢西亚提出费用担保临时措施的理由主要有两个：第一，根据《华盛顿公约》第 47 条和《ICSID 仲裁规则》第 39 条的规定，仲裁庭有权要求当事方提供费用担保。第二，尽管之前并不存在 ICSID 仲裁庭作出费用担保的实践，但本案中圣卢西亚提出的请求是必要且合理的。圣卢西亚给出了四点理由：首先，费用担保对保护圣卢西亚的程序性权利具有必要性；其次，由于 RSM 公司在其他由该公司发起的 ICSID 或非 ICSID 程序中存在普遍不履行付款义务的行为，因此圣卢西亚认为 RSM 公司不具备败诉后进行赔偿的意愿或能力；再次，RSM 公司接受了第三方资助以进行仲裁，圣卢西亚认为该第三方将不会承担 RSM 公司败诉后可能的赔偿责任；最后，在此阶段决定是否提供费用担保并不会涉及对案件实体部分的审查。

RSM 公司则提出了如下抗辩意见：第一，仲裁庭没有要求当事方提供费用担保的权力，因为费用担保所保护的权利建立在仲裁庭会作出有利于圣卢西亚的费用裁决这一假设性前提之上，这一权利是虚构的、具有偶然性的，不构成《华盛顿公约》第 47 条和《ICSID 仲裁规则》第 39 条所规定的"有待保护的权利"。第二，即使仲裁庭认为自身具有要求提供费用担保的权力，本案也并不满足作出临时措施所需的特殊情况。RSM 公司承认自身财政资源有限，但是它具有履行可能作出的费用裁决的意愿。申请人财政困难的情况在 ICSID 仲裁中十分普遍，有时甚至是申请人启动仲裁程序的原因。第三，如果在索赔之前就要求申请人提供费用担保，这种行为违反了《华盛顿公约》解决投资者与国家之间争端的目的和宗旨。第四，圣卢西亚援引的其他案件与本案无关，也无法证明 RSM 公司会采取任何可能影响本案裁决执行的行为，因此无法通过先前的案件证明作出临时措施所需的急迫性。第五，圣卢西亚并未对 RSM 公司提出的实体请求（关于《区域勘探协定》）进行回应或表明立场，在这种情况下请求作出临时措施，将使仲裁庭难以全面公允地作出决定。第六，圣卢西亚指责 RSM 公司接受第三方资助，事实上圣卢西亚也接受了第三方资助，因此圣卢西亚并不会因为第三方资助的存在而处于劣势地位。

(三) 仲裁庭意见

根据双方立场,在进行实体问题审理之前,仲裁庭以程序令的形式对当事人有关临时措施的请求作出了决定,最终支持了圣卢西亚仲裁费用担保的临时措施申请。在该程序令中,仲裁庭围绕以下三个问题展开论述:第一,仲裁庭作出临时措施的权限;第二,作出费用担保临时措施的具体条件;第三,作出临时措施所需的"特殊情况"。值得注意的是,仲裁庭在本案中还就第三方资助仲裁对作出临时措施的影响作了论述。本文将结合本案仲裁庭就上述问题发表的意见以及有关的仲裁实践,对 ICSID 仲裁下仲裁庭作出临时措施决定的有关问题展开进一步论述。

三、ICSID 仲裁下临时措施涉及的主要问题

《华盛顿公约》第 47 条与《ICSID 仲裁规则》第 39 条有关临时措施的规定较为粗略,而"任何措施"(any measures) 的措辞赋予仲裁庭较大的自由裁量权,尽管国际投资法中先例(precedent)并非正式法源,但先前仲裁庭的裁决与决定也会成为仲裁庭确定法律规则的"辅助性手段"[1]。ICSID 有关临时措施的规则,正是通过马菲基尼诉西班牙案(以下简称 Maffezini 案)[2] 至 RSM 案的诸多案件得以确立并发展至成熟。RSM 案从临时措施的效力、临时措施保护权利的范围、作出临时措施的条件等角度系统地论述了 ICSID 仲裁庭作出临时措施的权限。与先前 Maffezini 案等案件强调临时措施的种类等形式考量不同,RSM 案仲裁庭强调对临时措施所保护的权利进行实质性考量,这是对《华盛顿公约》第 47 条更恰当的解释。

(一) 临时措施的效力

《华盛顿公约》第 47 条与《ICSID 仲裁规则》第 39 条均采用了"建议"一词,导致理论界与实务界对临时措施在法律层面是否具有效力各执一词。仲裁庭主流观点认为,临时措施对当事方具有拘束力,论证路径主要为 1997 年 Maffezini 案确立的"命令说"以及 1998 年维克多·佩伊·卡萨多诉智利案(以

---

[1] Caratube International Oil Company LLP v. Republic of Kazakhstan, ICSID Case No. ARB/08/12.
[2] Emilio Agustín Maffezini v. Kingdom of Spain, ICSID Case No. ARB/97/7.

下简称 Pey Casado 案)① 确立的"职能说"。

1. "命令说"与"职能说"的内涵

Maffezini 案仲裁庭认为《华盛顿公约》第 47 条与《ICSID 仲裁规则》第 39 条所采取的"建议"一词与其他条款所使用的"命令"一词并无本质区别。Maffezini 案仲裁庭强调《仲裁规则》第 39 条的西班牙文文本使用了"命令"(dictación)一词,由此看出《公约》并不打算对"命令"和"建议"进行实质性的区分,二者本质上相同。最终 Maffezini 案仲裁庭得出结论:仲裁庭所发布的临时措施与最终裁决具有相同的拘束力。② 这一论证思路被学者总结为"命令说"③,成为 ICSID 仲裁庭的主流观点而被广泛援引。RSM 案将"命令说"进行了发展。与 Maffezini 案直接将临时措施和仲裁裁决等同的激进做法不同,RSM 案仲裁庭明确临时措施虽然具有拘束力,但并不具有《华盛顿公约》第 54 条下的裁决的"可执行力"(be enforceable)。此外,RSM 案更加强调临时措施的实际效果——如果不遵守临时措施可能导致仲裁庭对该当事方的不利推论,这在一定程度上回应了理论界与实务界对"命令说"的批评。

Pey Casado 案仲裁庭认为,国际法院的判决已经解决了《国际法院规约》第 41 条和《华盛顿公约》第 47 条所规定的临时措施的拘束力问题。国际法院在比较了《国际法院规约》英文文本和法文文本的基础上,审查了《国际法院规约》第 41 条的准备工作以及立法进程,最终审查《国际法院规约》的宗旨与目的:"为了使法院能够履行本规约赋予它的职能,特别是行使其基本职能,即根据规约第 59 条,法院通过有约束力的决定解决国际争端。"据此,国际法院从职能出发认定自身作出的临时措施具有约束力,仲裁庭可以仿照此论证思路类比认定《ICSID 公约》第 47 条所规定的临时措施的效力。④ 这一论证思路被学者称为"职能说"。其认为《国际法院规约》第 41 条有关临时措施的规

---

① Victor Pey Casado and President Allende Foundation v. Republic of Chile, ICSID Case No. ARB/98/2.
② Emilio Agustín Maffezini v. Kingdom of Spain, ICSID Case No. ARB/97/7, Decision on Request for Provisional Measures, October 28, para 9.
③ 参见张春良、周大山:《论 ICSID 仲裁临时措施的约束力理据与中国启示》,载《中国政法大学学报》2020 年第 4 期,第 56 页。
④ Victor Pey Casado and President Allende Foundation v. Republic of Chile, ICSID Case No. ARB/98/2, Decision on Provisional Measures, 25 September 2001, para. 20.

则①是《华盛顿公约》第47条的蓝本，国际法院通过解释第41条明确了自身作出的临时措施具有强制约束力，因此一些ICSID仲裁庭在作出临时措施时会特别关注国际法院作出的判决。②

2. 赋予临时措施强制拘束力的缺陷

无论是"命令说"还是"职能说"，都有其不足。"命令说"的缺陷在于违反了条约法的基本原则。第一，根据《维也纳条约法公约》第31条至第33条规定的条约解释方法，遵循"善意原则"的文义解释方法是首要方法。"建议"与"命令"两词在语义上存在不可逾越的鸿沟，突出表现在二者作为法律术语被使用所造成的法律效果的不同，"命令说"将"建议"与"命令"强行等同的做法无疑违反了"善意原则"。第二，"命令说"也违背了《华盛顿公约》起草者的原意。根据公约起草文件，有关临时措施的草案最初使用了带有明显强制性色彩的"规定"（prescribe）这一术语，但是最终在部分代表的反对下选取了"建议"一词，这一改变足以证明起草者的特殊考量。③ 第三，"命令说"实际上是仲裁庭利用立法者疏漏的结果。《华盛顿公约》体系存在英文、法文和西班牙文三种作准文本，Maffezini案仲裁庭特别强调《ICSID仲裁规则》第39条西班牙文文本使用"命令"（dictación/dictato）的表述，却有意忽略《华盛顿公约》第47条的英文、法文、西班牙文文本均采用了"建议"（recommend, recommander, recomendar）的表述，《ICSID仲裁规则》第39条的英文、法文文本也均采用了"建议"（recommend, recommander）的表述。根据上述比较以及《华盛顿公约》的起草历史，基本可以认为西班牙文《ICSID仲裁规则》第39条"命令"（dictación/dictato）的表述是立法者疏漏导致的。同时，与《华盛顿公约》的修订程序不同，《ICSID仲裁规则》的通过仅需要三分之二成员的同意。相较于《华盛顿公约》，《ICSID仲裁规则》无法体现全体ICSID成员国的意愿，"命令说"强调《ICSID仲裁规则》的西班牙文文本是多数服从少数的罕

---

① 《国际法院规约》第41条第1款原文为："The Court shall have the power to indicate, if it considers that circumstances so require, any provisional measures which ought to be taken to preserve the respective rights of either party."

② Christoph Schreuer & Loretta Malintoppi, August Reinisch, Anthony Sinclair: The ICSID Convention, A Commentary, Cambridge University Press, 2009, p. 759.

③ History of the ICSID Convention Volume Ⅱ-2, pp. 814-815, 载ICSID网站, https://icsid.worldbank.org/resources/publications/the-history-of-the-icsid-convention, 最后访问日期：2024年6月11日。

见做法。

"职能说"的缺陷在于"类比推理"的错误运用。类比推理的合理性源自被比较事物之间的相似性，二者相同或相似程度越高，证明力则越强。然而，无论是类比《国际法院规约》与《华盛顿公约》，还是类比 ICSID 仲裁庭与国际法院，其论证都难以令人信服。《国际法院规约》第 41 条和《华盛顿公约》第 47 条二者在条文结构上存在相似性，然而在表示临时措施法律效果的动词选择上却存在着明显不同：《国际法院规约》第 41 条使用带有较强规制色彩的"指示"（indicate）一词，《华盛顿公约》第 47 条则使用了"建议"（recommend）这一术语。此外，国际法院与 ICSID 仲裁庭之间也存在着明显差异。从机构职能来看，国际法院的职能在于和平解决主权国家间的国际争端，ICSID 仲裁庭的职能则在于解决东道国与投资者之间有关跨国投资的争端，最终保障跨境资本的有序、高效流转。从机构组成来看，国际法院是由 15 名法官组成的常设性司法机构，而 ICSID 仲裁庭则是各案各设，组成仲裁庭的仲裁员由当事方选定，具有较大的偶然性。

综上所述，"命令说"或"职能说"实际上都是 ICSID 仲裁庭为赋予临时措施拘束力的造法行为，引发理论界与实务界的批评、争议与困惑。这种做法同时造成 ICSID 仲裁庭所面临的一项逻辑难题：若强调临时措施具有拘束力，那么国家不遵守临时措施时便需要承担相应的国家责任，在无法援引《华盛顿公约》第 59 条执行仲裁裁决的相关规定的情况下，难以确定构成不法行为的义务来源，这造成了逻辑上的进退两难。[1] 关于《华盛顿公约》第 47 条起草中将"规定"更改为"建议"的做法，曾有代表提出反对意见，认为如果当事方可以自由选择是否执行仲裁庭作出的临时措施，这将严重损害仲裁庭的威信。对此，首任法律委员会主席布罗彻斯（Broches）回答道：如果仲裁庭有权规定临时措施，但是无法得到执行，这将对仲裁庭的威信造成更大的损害。[2] 事实上，被申请方拒绝执行临时措施的情况确实曾发生过：在捷克斯洛伐克贸易银行诉斯洛伐克案（以下简称 COBS 案）[3] 中，尽管仲裁庭作出临时措施要求对特定

---

[1] Donald McRae, State Responsibility and Compliance with Provisional Measures under ICSID, ICSID Review, Vol. 37, No. 1-2, 2022, pp. 232-246.

[2] History of the ICSID Convention Volume II-2, pp. 814-815, 载 ICSID 网站，https://icsid.worldbank.org/resources/publications/the-history-of-the-icsid-convention，最后访问日期：2024 年 6 月 11 日。

[3] Ceskoslovenska Obchodni Banka, A. S. v. The Slovak Republic, ICSID Case No ARB/97/4, Procedural Order No 4, 11 January 1999.

的破产程序进行监管,斯洛伐克的国内法院以"建议不具有拘束力"为由拒绝执行临时措施。从效果而言,RSM案务实的态度更能满足实践的需求:与其论证临时措施法律层面的效力,不如强调不遵守临时措施对后续程序的负面实际影响。

(二) 仲裁庭作出临时措施的权限

《华盛顿公约》第47条赋予了仲裁庭作出临时措施的权力:"……仲裁庭如果认为情况需要,得建议采取任何临时措施,以维护任何一方的权利。"由该条可知,临时措施的目的在于保护当事方的权利,然而条文并未明确权利的种类、范围与属性。不同的仲裁庭对于临时措施所保护权利的范围理解各异,这导致存在对仲裁庭作出临时措施权限的不同解释。在RSM案中,有关仲裁庭权限的分歧具体表现为,仲裁庭是否有权建议"费用担保"这种功能、性质具有特殊性,旨在保护附条件权利和程序性权利的临时措施。

Maffezini案仲裁庭认为,由于《ICSID仲裁规则》第39条第(1)款使用了现在时态(present tense),所以临时措施只保护现存的、与案件争议相关的实体性权利,而不保护未来的虚构性权利以及与实体争议无关的程序性权利。伯灵顿公司诉厄瓜多尔案(以下简称Burlington案)将临时措施保护权利的范围扩展至程序性权利,该案仲裁庭认为,"临时措施所保护的权利并不限于构成争议主体的权利或者被申请人提出的实体权利,也可能扩展至程序性权利,如维持现状和使争端不恶化的一般性权利"。[1] 普拉玛集团诉保加利亚案(以下简称Plama案)中,仲裁庭进一步明确(《华盛顿公约》第47条和《ICSID仲裁规则》第39条),保护的权利必须与申请人促使自身的诉求得到仲裁庭公正审理和裁决的能力有关,也必须是为了确保申请人的救济请求能够被有效执行。[2] RSM案仲裁庭将未来的附条件的权利也纳入临时措施的保护范围,认为只要临时措施决定不越过确定的判决边界,被保护的权利在作出临时措施时就不必确定存在。

上述实践中,ICSID体系下临时措施所保护的权利范围不断扩大,如今实体性权利与程序性权利、现存权利与附条件的权利都在临时措施所保护的范围之内。从《华盛顿公约》第47条的文本来看,公约并未对临时措施所保护的权

---

[1] Burlington Resources, Inc. v. Republic of Ecuador, ICSID Case No. ARB/08/5, Procedural Order No. 3 of January 18, 2005, para. 7.

[2] Plama Consortium Limited v. Republic of Bulgaria, ICSID Case No. ARB/03/24, Order of the Tribunal on the Claimant's Request for Urgent Provisional Measures of September 6, 2005, para. 40.

利进行特殊说明，这种扩大范围以更充分维护当事方权利的做法更为符合《华盛顿公约》和平解决投资者与国家之间争端的宗旨。

（三）仲裁庭作出临时措施的条件

《华盛顿公约》第 47 条仅概括规定，"仲裁庭如果认为情况需要，得建议采取任何临时措施"，并未规定仲裁庭作出临时措施应当满足的具体条件，赋予仲裁庭充足的自由裁量权。在实践中，ICSID 仲裁庭总结了五项必须满足的条件：第一，仲裁庭必须具有初步（prima facie）管辖权；第二，临时措施必须旨在保护有待保护的权利；第三，临时措施必须具有急迫性（urgent）；第四，临时措施必须具有必要性（necessary）；第五，临时措施应当符合比例原则。① 第一项条件所要求的初步管辖权，通过对投资者母国与东道国双边投资条约（以下简称 BIT）以及 ICSID 案件中心的立案登记信息进行形式考察便足以明确。此外，许多临时措施是在被申请人提出管辖权异议的情况下进行审查的。第二项、第五项条件需要结合具体案情分析，因此仲裁庭的论证重点多集中于第三项、第四项条件所要求的急迫性与必要性上。虽然仲裁庭关于临时措施需要满足"急迫性"和"必要性"条件基本达成共识，然而不同仲裁庭对于二者具体内涵的理解也不尽相同。另外值得注意的是，投资仲裁大多案情复杂，尽管如上文所言仲裁庭明确了作出临时措施的五项条件，并且凸显了必要性与急迫性的重要地位，在实践中仲裁庭并非按部就班逐项分析这些条件，而是依据案情综合考量。有学者将仲裁庭的这一思考模式描述为"全面思考"（in the round）。②

1. 必要性

关于临时措施所需要满足的必要性条件，"不可挽回的损害"（irreparable prejudice or damage）成为实践中 ICSID 仲裁庭进行判断的重要标准。"不可挽回的损害"是国际法院判断临时措施必要性的标准，该标准由 1973 年"核试验案"确立，于 1999 年"拉格朗案"中明确具体内涵。③ 具体而言，该标准的内涵为只有当事方的权利面临着不可挽回的损害时，法院/仲裁庭才有权作出临时措施。前文已述，Pey Casado 案仲裁庭认为《国际法院规约》第 41 条为《华盛

---

① 参见崔起凡：《国际投资仲裁中临时措施研究——兼论"一带一路"背景下的中国对策》，载《国际商务研究》2019 年第 1 期，第 71—72 页；又见 Anthony C. Sinclair, Odysseus G. Repousis, An Overview of Provisional Measures in ICSID Proceedings, ICSID Review, Vol. 32, No. 2, 2017, p. 435。

② Sam Luttrell, ICSID provisional measures "in the round", Arbitration International, 2015, 31, p. 393.

③ Dan Sarooshi, Provisional Measures And Investment Treaty Arbitration, Arbitration International, Volume 29 Issue 3, September 2013, p. 368.

顿公约》第47条的蓝本，因此仲裁庭在判断是否作出临时措施时应当将国际法院的判决作为重要参考，这一论证思路也被后来的托比欧斯·托克莱斯诉乌克兰案（以下简称Tokios案）①、西方石油公司诉厄瓜多尔案（以下简称Occidental案）②等仲裁庭采纳，上述仲裁庭因而得出结论：国际法院判断临时措施必要性条件的"不可挽回的损害"标准也是ICSID仲裁庭判断必要性的重要标准。然而，"不可挽回的损害"标准过于严苛，导致仲裁庭在倾向于作出损害赔偿裁决时，便会认定当事方可能承受的损害是可以通过损害赔偿弥补的，最终决定不作出临时措施。③ 为此，有学者提出批评，认为ICSID仲裁庭与国际法院所处理的争议性质截然不同，"不可挽回的损害"是国际法院基于平衡国家间利益的考量而明确的标准，这一标准对ICSID仲裁而言过于严苛。④

也存在案件以其他路径证明临时措施的必要性。佩伦科公司诉厄瓜多尔案（以下简称Perenco案）⑤强调国际投资仲裁中的商事特征，参照《贸易法委员会国际商事仲裁示范法》（以下简称《UNCITRAL示范法》）第17条⑥所规定的"严重的损害"标准判断临时措施必要性，该案仲裁庭认为"《华盛顿公约》第47条并未规定'不可挽回的损害'这一标准，先前仲裁庭的裁决也无法使得该标准成为必需"。⑦ 百沃特高夫公司诉坦桑尼亚案（以下简称Biwater案）中，仲裁庭认为"对当事方权利产生威胁"即可证明临时措施的必要性⑧。RSM案则是在讨论附条件的权利的基础上，认为存在损害未来权利的重大风险便符合必要性条件，在此过程中，RSM公司在先前程序中的不诚信行为成为仲裁庭论

---

① Tokios Tokelés v. Ukraine, ICSID Case No. ARB/02/18.

② Occidental Petroleum Corporation and Occidental Exploration and Production Company v. Republic of Ecuador, ICSID Case No. ARB/06/11.

③ Anthony C. Sinclair, Odysseas G. Repousis, An Overview of Provisional Measures in ICSID Proceedings, ICSID Review, Vol. 32, No. 2, 2017, p. 438.

④ Dan Sarooshi, Provisional Measures And Investment Treaty Arbitration, Arbitration International, Volume 29 Issue 3, September 2013, pp. 369-370.

⑤ Perenco Ecuador Ltd. v. Republic of Ecuador, ICSID Case No. ARB/08/6.

⑥ UNCITRAL Model Law on International Commercial Arbitration, Article 17A (1): "The party requesting an interim measure under article 17 (2) (a), (b) and (c) shall satisfy the arbitral tribunal that: (a) Harm not adequately reparable by an award of damages is likely to result if the measure is not ordered, and such harm substantially outweighs the harm that is likely to result to the party against whom the measure is directed if the measure is granted..."

⑦ Perenco Ecuador Ltd. v. Republic of Ecuador and Empresa Estatal Petroleos del Ecuador (Petroecuador), ICSID Case No. ARB/08/6, Decision on Provisional Measures, May 8, 2009, para. 43.

⑧ Biwater Gauff (Tanzania) Ltd. v. United Republic of Tanzania, ICSID Case No. ARB/05/22, Procedural Order No. 1, Request for Provisional Measures, March 31, 2006, para. 75.

证的重要依据。相较于"不可挽回的损害",上述标准更为宽松,同时更加强调临时措施的"临时性特征"——即时保护当事方权利免受可能遭受的损害,更加契合《华盛顿公约》第 47 条的宗旨。

2. 急迫性

关于急迫性,仲裁庭采取较为宽松的标准,认为"最终裁决作出之前,一方权利存在遭受损害的迫切可能性"① 便满足急迫性的要求,Biwater 案、Perenco 案以及 Tokios 案均采用了类似的表述。从上述案件的说理可以看出,仲裁庭并不希望急迫性成为作出临时措施的阻碍,因此在论证结构上往往采取将"必要性"与"急迫性"结合的方式,在证成临时措施必要性时,急迫性也往往会被仲裁庭认可。

此外,也有仲裁庭强调"急迫性"标准有其自身独到的价值。在奎博拉克斯公司诉玻利维亚案(以下简称 Quiborax 案)中,仲裁庭承认,"只要措施的目的是保护仲裁程序的完整性,尤其是在获取证据方面的完整性,就符合急迫性的定义"。② 在东方城市公司诉厄瓜多尔案(以下简称 City Oriente 案)中,仲裁庭也进行了类似的说理,"措施只要是用于保护仲裁庭的权利以及仲裁程序的完整性,那么就满足急迫性的要求"。③ RSM 案仲裁庭则通过论证圣卢西亚所请求的费用担保与仲裁程序的完整性密切相关,证明了临时措施的急迫性。

四、2022 年《ICSID 仲裁规则》的发展

由于仲裁庭裁决相互矛盾导致裁决结果可预期性缺失、投资者与东道国之间利益保护不平衡以及仲裁费用高昂但效率低下等问题,ICSID 仲裁机制遭受了来自各界的批评,面临合法性危机。ICSID 为应对这一系列问题,于 2016 年启动对《ICSID 仲裁规则》的修订,最终在 2022 年形成了新版《ICSID 仲裁规则》。此次修订涉及条文众多,力度较大,聚焦于节约成本、提升效率、提高公平性以及透明度等问题。修订后的《ICSID 仲裁规则》第 47 条对临时措施作了规定,并新增第 53 条专门规定了费用担保,下文将对相关修订进行分析。

---

① Azurix Corp v. The Argentine Argentina, ICSID Case No. ARB/01/12, Decision on Provisional Measures, 6 Aug. 2003, para. 33.

② Quiborax S. A. and Non-Metallic Minerals S. A. v. Plurinational State of Bolivia, Decision on Provisional Measures, ICSID Case No. ARB/06/2, 1 Feb. 2010, para. 153.

③ City Oriente Limited v. Republic of Ecuador and Empresa Estatal Petróleos del Ecuador (Petroecuador), ICSID Case No. ARB/06/21, Decision on Provisional Measures, 19 Nov. 2007, para. 69.

(一) 2022年《ICSID仲裁规则》的新发展

知名学者皮埃尔·拉利夫（Pierre Lalive）曾评价："由于国际争端影响重大且十分复杂，取得案件的最终结果或达成解决方案往往旷日持久，这使得临时措施具有十分重要的意义，并且这种重要性正与日俱增。"[①] 在ICSID仲裁实践中，临时措施同样具有十分重要的意义，被当事方广泛运用以保护自身权利或执行诉讼策略。由于《华盛顿公约》第47条与修订前的《ICSID仲裁规则》第39条对临时措施的规定过于粗略，赋予了仲裁庭充分的自由裁量权。同时判例并非国际投资法的正式法源，不同仲裁庭有关临时措施权限的理解各异，相互矛盾的决定在实践中造成投资者与东道国的困惑，招致广泛批判。此次《ICSID仲裁规则》对有关临时措施的内容作了全面修改，吸收了仲裁实践中的合理做法，致力于提升仲裁实践的一致性。

首先，修订前后的《ICSID仲裁规则》有关临时措施的篇章设置存在明显不同。2006年《ICSID仲裁规则》第5章"特定程序"（particular procedures）下第39条规定临时措施，第5章其他特定程序为：附属请求权、初步反对程序、缺席裁决程序、和解与中止程序/因当事方请求中止的程序、因当事方不作为的中止程序。2022年《ICSID仲裁规则》将有关临时措施的规定放置于第6章"特殊程序"（special procedures）下第47条，第6章下的其他特殊程序为：明显缺乏法律依据程序、分歧程序、初步反对程序、附带分歧请求的初步反对程序、不附带分歧请求的初步反对程序、仲裁的合并或协调程序、辅助索赔程序、缺席裁决程序。2022年《ICSID仲裁规则》将原第5章"特定程序"更改为现第6章"特殊程序"，增加了明显缺乏法律依据程序、分歧程序、仲裁的合并或协调程序、附带分歧请求的初步反对程序、不附带分歧请求的初步反对程序，将和解与中止程序、因当事方请求中止的程序、因当事方不作为的中止程序等放置于第8章"暂停、和解与中止"专章之下。从以上比较看出，2022年《ICSID仲裁规则》第6章展现出明显的提高效率、降低费用的价值取向，章节内的特殊措施按照仲裁程序中实际考虑运用的先后进行排序，进一步明确特殊程序的功能，更有利于指导实践。

[①] Sam Luttrell, ICSID provisional measures "in the round", Arbitration International, 2015, 31, p.393.

表 1　临时措施条文内容对比①

2006 年《ICSID 仲裁规则》第 39 条　临时措施②	2022 年《ICSID 仲裁规则》第 47 条　临时措施③	2022 年《ICSID 仲裁规则》第 53 条　费用担保④
（1）一当事方可在提起诉讼后的任何时候请求仲裁庭建议采取保全其权利的临时措施。该请求应具体说明需要维护的权利、请求建议采取的措施以及需要采取这些措施的情况。 （2）仲裁庭应优先考虑根据第（1）款提出的请求。 （3）仲裁庭也可主动建议临时措施，或建议采取请求中未指明的措施。仲裁庭可随时修改或撤销其建议。 （4）仲裁庭只有在给予每一方陈述其意见的机会后，方可建议临时措施，或修改或撤销其建议。 （5）如果当事方在仲裁庭组成之前根据第（1）款提出请求，秘书长应根据任一当事方的申请，确定当事方就该请求提出意见的时限，以便仲裁庭组成后能迅速审议该请求和意见。 （6）本条规定概不妨碍各当事方在记录其同意的协定中作出规定后，请求任何司法当局或其他当局在提起诉讼之前或之后下令采取临时措施，以维护其各自的权利和利益。	（1）一当事方可随时要求仲裁庭建议采取临时措施，以维护其权利，包括采取以下措施： （a）防止可能对该当事方权利或仲裁程序造成损害或将要造成损害的行为； （b）在对争端作出裁决之前，维持或恢复原状；或 （c）保留可能与争端解决相关的证据。 （2）应适用以下程序： （a）临时措施申请应具体说明需要维护的权利、要求采取的措施以及需要采取这些措施的特殊情况； （b）仲裁庭应确定提交申请的时限； （c）如果当事方在仲裁庭组成之前请求采取临时措施，秘书长应当确定该申请提交书面意见书的时限，以便仲裁庭在组成后迅速审议该请求；以及 （d）仲裁庭应在仲裁庭组成后或最后一次提交申请书后（以较晚者为准）30 天内就请求作出决定。 （3）在决定是否建议采取临时措施时，仲裁庭应考虑所有相关情况，包括：	（1）根据一当事方的请求，仲裁庭可以下令要求任何提出请求或反请求的一方提供诉讼费担保。 （2）以下程序应适用： （a）请求应包括相关情况的陈述和支持文件； （b）仲裁庭应为请求的提交确定时间限制； （c）如果一方在仲裁庭组成之前请求诉讼费担保，秘书长应确定请求的书面提交时间限制，以便仲裁庭在其组成后迅速考虑请求；以及 （d）仲裁庭应在仲裁庭组成后或请求的最后提交之后的 30 天内就请求作出决定。 （3）在决定是否下令一方提供诉讼费担保时，仲裁庭应考虑所有相关情况，包括： （a）该方履行不利成本决定的能力； （b）该方遵守不利成本决定的意愿； （c）提供诉讼费担保可能对该方追求其权利或反诉权的能力产生的影响；以及 （d）各方的行为。 （4）仲裁庭应考虑与第（3）款中情况相关的所有证据，包括第三方资助的存在。

---

①　该表格内容为作者根据 ICSID 官方公布的两版《仲裁规则》翻译而来。原文详见 ICSID 网站，https://icsid.worldbank.org/rules-regulations/convention，最后访问日期：2024 年 6 月 13 日。
②　2006 ICSID Arbitration Rules Rule 39.
③　2022 ICSID Arbitration Rules Rule 47.
④　2022 ICSID Arbitration Rules Rule 53.

续表

2006《ICSID 仲裁规则》第 39 条　临时措施	2022《ICSID 仲裁规则》第 47 条　临时措施	2022《ICSID 仲裁规则》第 53 条　费用担保
	（a）措施是否紧急和必要；以及 （b）措施可能对各方产生的影响。 （4）仲裁庭可主动建议临时措施，也可以建议采取不同于当事方所要求的临时措施。 （5）当事方应及时披露仲裁庭建议采取临时措施所依据情况的任何重大变化。 （6）仲裁庭可随时主动或应某一当事方的请求修改或撤销临时措施。 （7）在记录当事方同意仲裁的文书许可的情况下，某一当事方可以请求任何司法或权威机构决定作出临时措施。	（5）仲裁庭应在下令提供诉讼费担保时指定任何相关条件，并确定遵守该命令的时间限制。 （6）如果一方未能遵守提供诉讼费担保的命令，仲裁庭可以暂停仲裁程序。如果程序暂停超过 90 天，仲裁庭可以在与各方协商后，下令中止仲裁程序。 （7）一方应及时披露仲裁庭下令诉讼费担保的情况发生任何重大变化。 （8）仲裁庭可以随时自行或根据一方的请求修改或撤销关于诉讼费担保的命令。

其次，如表 1 所示，2022 年《ICSID 仲裁规则》第 47 条相比 2006 年《ICSID 仲裁规则》第 39 条内容上改动较大，进一步明确和细化了仲裁庭作出临时措施的规定。主要体现在以下三个方面：第一，关于仲裁庭作出的临时措施的效力。在修订过程中，有成员国专门要求澄清临时措施的性质及其效力①。对此工作组表明了自身的观点：临时措施仅仅是一项建议，虽然之前存在仲裁庭将"建议"等同于"命令"的情况，但是"建议"的表述是《华盛顿公约》中明确规定的，也仅能通过公约修订程序予以更改。根据公约起草历史，采用"建议"的表述方式有其特殊考量，工作组并不想在此次修订中创建一项新的制度。基于对临时措施的实际效能的考量，工作组专门强调：虽然临时措施不

---

① Proposals for Amendment of the ICSID Rules – Working Paper #1, Volume 3, August 2, 2018, para. 478.

具有强制拘束力，但是仲裁庭可以根据当事方不遵循临时措施的行为得出推论。① 体现在具体规定上，2022 年《ICSID 仲裁规则》第 47 条第（1）款仍采用"建议"（recommend）这一表述，而第 47 条第（7）款规定"其他司法或权威机构有权决定（order）作出临时措施"，这种措辞的不同表明工作组对"建议"与"决定"二者及其法律效果进行了区分。第二，关于临时措施的种类。第 47 条第（1）款增加了临时措施的具体种类，并进行了非穷尽式列举，其中被专门列举的停止侵害、维持现状、保存证据三种临时措施较为典型，实践中使用频繁，这便于更好地指引仲裁庭与当事方参与仲裁实践。第三，关于作出临时措施的条件。相比 2006 年《ICSID 仲裁规则》第 39 条，2022 年《ICSID 仲裁规则》第 47 条第（3）款明确了仲裁庭作出临时措施的条件，该条规定仲裁庭应当考虑所有相关情况（all relevant circumstances），赋予仲裁庭充分的自由裁量权。其后，2022 年《ICSID 仲裁规则》第 47 条第（3）款专门强调"必要性""紧急性"标准以及比例原则。工作组对此予以说明："实践中，临时措施申请方必须证明必要性与紧迫性。""部分仲裁庭还要求措施是'合乎比例的'，也被称为'利益平衡'或'便利测试'。"此外，工作组专门解释了为何并未明确规定"必要性"与"紧迫性"的具体内涵，如"不可挽回的损失"或"重大风险"。工作组认为每个案件案情各异，同时仲裁实践也并未对"必要性"与"紧迫性"的内涵达成一致，因此判断标准是仲裁庭自由裁量权的范围。② 综上所述，2022 年《ICSID 仲裁规则》第 47 条第（3）款吸收实践经验，聚焦于作出临时措施的关键考量因素，较好地平衡了仲裁庭自由裁量权与可预期性、决定一致性的关系。

最后，2022 年《ICSID 仲裁规则》第 53 条规定了费用担保，赋予仲裁庭要求当事方提供费用担保的权力。第 53 条被设置在 2022 年《ICSID 仲裁规则》第七章费用（cost）之下，然而从表 1 的对比不难看出费用担保的规定与临时措施的规定在结构与内容上都有极高的相似性。这种模式符合实践中费用担保被视为特殊临时措施的做法。在《ICSID 仲裁规则》第一版修订草案中，费用担保的规定被放置于"特殊程序"的章节之下，位于临时措施的规定之后。由

---

① Proposals for Amendment of the ICSID Rules – Working Paper #1, Volume 3, August 2, 2018, para. 490-492.

② Proposals for Amendment of the ICSID Rules – Working Paper #1, Volume 3, August 2, 2018, para. 483-484.

于临时措施关乎仲裁费用的特殊性质，所以之后的修订对费用担保在《ICSID仲裁规则》中的顺序进行了调整。在工作报告中，工作组对增加费用担保规定的政策考量进行了如下解释：第一，向申请方要求提供费用担保可以平衡双方当事人的力量。第二，可以缓解投资者与国家之间的权利义务不对等的情况。第三，既然仲裁庭有权在当事方之间分配仲裁费用，那么仲裁庭也有权要求当事方提供费用担保，以保证其作出的费用裁决得到有效执行。第四，费用担保是否会对当事方获得有效索赔的能力产生影响，这将是仲裁庭判断是否作出费用担保的重要标准。第五，考虑到不遵守费用裁决以及第三方资助仲裁的行为日益频繁的现实。

前文已述，RSM 案仲裁庭强调临时措施的实效，而不再拘泥于法律文本中"建议"所带来的法律层面效力的争议。在证成所需的特殊情况后，RSM 案仲裁庭认为自身具有作出费用担保这一特殊临时措施的权限。关于临时措施的条件，RSM 案仲裁庭强调在综合考量双方利益的基础上，对必要性和紧迫性进行判断。由于 RSM 公司不提供费用担保，在圣卢西亚的请求下，该案仲裁程序被中止（discontinuation）[①]。结合 2022 年《ICSID 仲裁规则》第 47 条、第 53 条的内容看，《ICSID 仲裁规则》工作组基本采纳了 RSM 案仲裁庭的观点与说理。

（二）其他仲裁规则关于临时措施的规定

《UNCITRAL 示范法》《UNCITRAL 仲裁规则》《国际商会仲裁院仲裁规则》《伦敦国际仲裁院仲裁规则》《新加坡国际仲裁中心投资仲裁规则》等重要规则皆存在有关临时措施的规定，[②] 这也说明临时措施在投资仲裁中的重要性。《UNCITRAL 示范法》与《UNCITRAL 仲裁规则》对临时措施进行了全面而详细的规定，包括仲裁庭发布临时措施的权限、作出临时措施的条件、临时措施的种类、证明标准等具体内容，可以说是现行关于临时措施最完备的规定。正如其名，这两部规则对包括 2022 年《ICSID 仲裁规则》在内的其他规则产生重要的指引示范作用。《国际商会仲裁院仲裁规则》《伦敦国际仲裁院仲裁规则》《新加坡国际仲裁中心投资仲裁规则》仅对临时措施进行较为概括的规定，包

[①] RSM Production Corporation v. Saint Lucia, ICSID Case No. ARB/12/10, Decision on Saint Lucia's Request for Suspension or Discontinuation of Proceedings, 8 April 2015, para. 68.

[②] UNCITRAL Model Law (2006) Article 17, UNCITRAL Arbitartioan Rules (2010) Artice 26, ICC Arbitration Rules (2021) Article 28, ICIA Arbitration Rules (2020) Article 25, SIAC Investment Rules (2017) Rule 27.

括仲裁庭权限、临时措施种类以及其他平行程序的临时措施效力。

与《华盛顿公约》及《ICSID 仲裁规则》不同，上述 5 个规则均采用带有明显强制力色彩的动词规定仲裁庭作出临时措施的权力，如发布（grant）、命令（order），表示仲裁庭作出的临时措施对双方具有拘束力。这种临时措施效力的区别源自 ICSID 仲裁的特殊性。在非 ICSID 仲裁中，虽然临时措施对于当事方具有拘束力，但是当事方不执行临时措施仅需承担后续程序中的不利后果与违约义务。在 ICSID 仲裁中，若《华盛顿公约》采用"命令"这一措施，在东道国不执行临时措施时便会违反条约义务，进而涉及国家不法行为以及国家责任的承担问题，这对成员国而言是极大的负担与风险，因此曾有代表表示临时措施应"与裁决进行区分而不具有拘束力"，公约制定者也最终采取了"建议"这一表述。①虽然 ICSID 仲裁中临时措施对当事方不具有强制拘束力，但这并非意味着当事方可以随意忽视 ICSID 仲裁庭作出的临时措施。ICSID 仲裁庭作出的临时措施仍然具有很强大的实际效果，当事方出于避免给仲裁庭留下不可靠印象的策略考量、投资者为追求程序的继续开展（作为申请人避免因不执行临时措施而导致仲裁程序中止）、东道国为了自身良好招商引资形象的塑造往往会选择遵守仲裁庭的临时措施。当然，因为不具有法律层面的强制拘束力，也存在罕见的不执行临时措施的情况，如上文提及的 RSM 案中的 RSM 公司以及 COBS 案中的斯洛伐克。

五、对我国仲裁机构制定有关临时措施规则的几点建议

目前国内主要仲裁机构中，仅有中国国际经济贸易仲裁委员会与北京仲裁委员会制定了专门的投资仲裁规则，两家机构的投资仲裁规则对临时措施进行了相应规定（见表2）。其中《中国国际经济贸易仲裁委员会国际投资争端仲裁规则（试行）》（以下简称《贸仲规则》）于 2017 年制定实施，对于我国仲裁机构投资仲裁下的临时措施规定有十分重要的开创意义。2023 年 9 月 2 日，《贸仲规则》经中国国际贸易促进委员会/中国国际商会修订并通过，自 2024 年 1 月 1 日起施行。2019 年，北京仲裁委员会/北京国际仲裁中心发布《北京仲裁委员会/北京国际仲裁中心国际投资仲裁规则》（以下简称《北仲规则》），有关临时措施的规定显然吸收了最新的实践以及学术成果，与《UNCITRAL 示范

---

① History of the ICSID Convention Volume Ⅱ-2, pp. 814-815, 载 ICSID 网站，https://icsid.worldbank.org/resources/publications/the-history-of-the-icsid-convention，最后访问日期：2024 年 6 月 11 日。

法》《UNCITRAL 仲裁规则》以及当时修订中的《ICSID 仲裁规则》存在诸多相似之处。

表 2　国内主要仲裁机构关于投资仲裁临时措施的规定

《贸仲规则》第 40 条　临时措施	《北仲规则》第 35 条　临时措施和紧急仲裁员
（一）根据适用的法律或当事人的约定，当事人可以依据《中国国际经济贸易仲裁委员会国际投资争端紧急仲裁员程序》（附件二）向管理案件的投资争端解决中心或香港仲裁中心申请紧急性临时救济。紧急仲裁员可以决定采取必要或适当的紧急性临时救济措施。 （二）经一方当事人请求，仲裁庭依据所适用的法律或当事人的约定可以决定采取其认为必要和适当的临时措施，并有权决定由申请采取临时措施的一方当事人提供适当的担保。 （三）上述程序不影响当事人依据所适用的法律向有管辖权的法院请求采取临时措施的权利。	（一）当事人可以在任何时候向仲裁庭申请采取临时措施以保护其权利，包括但不限于采取措施以： 1. 防止可能对该当事人或仲裁程序造成当下的或迫近的损害的行动； 2. 在对争端作出裁决之前维持或恢复原状； 3. 保全与解决争端有关的证据。 （二）如下程序应适用： 1. 临时措施申请应列明所拟保护的权利、所申请的措施以及使采取该等措施成为必要的情形； 2. 仲裁庭应就该申请确定双方当事人提交书面陈述或发表口头陈述（如需要）的时限； 3. 如一方当事人在仲裁庭组成之前申请临时措施，本会应确定双方当事人就申请提交书面陈述的时限，以便仲裁庭在组成之后迅速考虑申请； 4. 仲裁庭应在以下三个日期中最晚一个日期后 30 日内，以命令或其他适当形式就该申请作出决定： （1）仲裁庭组成之日； （2）就该申请提交最后一次书面陈述之日； （3）就该申请发表最后一次口头陈述之日。 （三）在决定是否采取临时措施时，仲裁庭应考虑所有相关情况。仲裁庭应仅在其认为紧急及必要时才采取临时措施。 （四）仲裁庭可以要求申请临时措施的当事人就所申请措施提供适当的担保。 （五）仲裁庭采取临时措施所针对的情况发生实质性变化的，当事人应及时披露。 （六）仲裁庭可以在任何时候自行或应一方当事人的申请修改或撤销此前采取的临时措施。 （七）双方当事人明确同意适用本规则附录 4 中的紧急仲裁员规则的，在仲裁庭组成之前需要紧急性临时救济的当事人可以依照附录 4 中规定的程序申请救济。 （八）第（一）款至第（七）款所述的措施和程序不影响双方当事人依照适用法律向任何有管辖权的法院或其他主管机关申请临时措施的权利。

《UNCITRAL 示范法》《UNCITRAL 仲裁规则》以及《ICSID 仲裁规则》是国际投资仲裁中最为权威、影响力最广的规则，受到理论界与实务界的广泛关注。如前所述，《UNCITRAL 示范法》《UNCITRAL 仲裁规则》与 2022 年《ICSID 仲裁规则》关于临时措施的规定在结构框架、条文内容以及价值理念上都存在诸多共通之处，此次《ICSID 仲裁规定》关于临时措施的规定也参考了《UNCIRTARL 仲裁规则》[①]。因此我国仲裁机构在制定关于临时措施的仲裁规则时，可以将上述文件作为重要参考，具体建议如下：

（一）临时措施的基本原则

1. 赋予仲裁庭恰当的自由裁量权，体现原则性与灵活性

投资者—东道国争端往往标的额巨大，案情复杂，且可能涉及东道国公共政策等国家规制权问题，这需要赋予仲裁庭恰当的自由裁量权以便作出公允的裁决。临时措施则涉及对当事方利益的影响、案情是否满足特殊情况、临时措施是否会被执行等复杂因素的考量，因此也需要在规范中保障仲裁庭的自由裁量权。然而仲裁庭因案而设，同时国际投资法不承认判例，结合先前 ICSID 仲裁庭的实践发现，过度的自由裁量权也可能带来仲裁庭强行造法、作出彼此矛盾的裁决等消极后果，以致引发国际投资仲裁合法性危机。因此，在制定临时措施规则时，有必要赋予仲裁庭自由裁量权，但同时对该自由裁量权应当有所限制。《UNCITRAL 示范法》《UNCITRAL 仲裁规则》以及 2022 年《ICSID 仲裁规则》所使用的非穷尽列举就是较好的做法。以 2022 年《ICSID 仲裁规则》为例，其第 47 条第（3）款规定，"在决定是否建议采取临时措施时，仲裁庭应考虑所有相关情况，包括：（a）措施是否紧急和必要；（b）以及措施可能对各方产生的影响"。一方面通过规定仲裁庭应当考虑"所有相关情况"，保证仲裁庭充分的自由裁量权；另一方面通过列举判断标准中十分重要的紧迫性、必要性和比例原则，为仲裁庭的判断与说理提供重要依据。《UNCITRAL 仲裁规则》第 26 条第 2 款关于临时措施种类的规定也具有较高的参考价值："临时措施是指在争端最终解决的裁决作出之前的任何时间内，仲裁庭下令一方当事人采取的临时性措施，例如但不限于……"。

[①] Proposals for Amendment of the ICSID Rules – Working Paper #1, Volume 3, August 2, 2018, para. 480.

2. 规定作出临时措施的合理期限，提高临时措施的效率

临时措施是仲裁庭为保护当事方在最终裁决作出之前可能受到损害的利益而发布的特殊措施，因此追求效率与时效性是采取临时措施的基本特征，仲裁庭在决定是否作出临时措施时对"紧迫性"的考察就体现了该特征。对临时措施的决定与执行应当规定明确且合理的期限，这样既有利于程序的快速推进，又能保证当事人有充分的准备时间。比如 2022 年《ICSID 仲裁规则》第 47 条第（2）款规定，"仲裁庭应在仲裁庭组成后或最后一次提交申请书后（以较晚者为准）30 天内就请求作出决定"。这种设置合理期限的方法可以促成临时措施尽快作出，达到快速保护当事方权利的目的。

3. 明确作出临时措施的各类条件，增强当事人的可预期性

仲裁规则中的规定既是仲裁庭作出临时措施的依据，又是当事方申请临时措施的依据。因此无论是程序性规定还是实体性规定，临时措施的制度内容都应当尽量明确，使得仲裁庭审理有依据，当事方申请有途径。在明确临时措施的实体性与程序性条件后，当事人对临时措施的可预期性自然增强，这有助于减少临时措施执行过程中可能发生的争议。

（二）临时措施的具体内容

通过对有关仲裁规则的比较研究，并结合有关仲裁实践，笔者认为应从如下方面对临时措施作出具体规定：

1. 当事人可以在任何时间请求仲裁庭命令采取临时措施以保护其权利，包括但不限于以下措施：

（1）防止对当事人权利或仲裁程序造成损害或将要造成损害的行为；

（2）在裁决作出前，维持或恢复原状；

（3）保全与争端解决有关的证据。

2. 临时措施应当适用以下程序：

（1）临时措施申请应当说明拟保护的权利、所申请的具体措施以及这些措施所需满足的特殊情形；

（2）仲裁庭应当确定提交申请的时限；

（3）如果当事方在仲裁庭组成前请求采取临时措施，仲裁委员会应当确认该申请提交书面意见的时限，以便仲裁庭在组成后迅速审议该请求；

（4）仲裁庭应当在仲裁庭组成后或最后一次提交申请书后（以较晚者为准）30 天内就请求作出决定。

3. 在决定是否命令采取临时措施时，仲裁庭应当考虑所有相关情况，包括但不限于：

（1）措施是否紧急和必要；

（2）措施可能对各方产生的影响。

4. 仲裁庭可以主动作出临时措施，也可以命令采取不同于当事方所要求的临时措施；仲裁庭可以随时主动或应某一当事方的请求修改或者撤销临时措施。

5. 当事方应当及时披露仲裁庭命令采取临时措施所依据情况的任何重大变化。

6. 上述第 1 项至第 5 项的规定不影响双方当事人依照适用法律向任何有管辖权的法院或其他主管机关申请临时措施的权利。

六、结语

尽管面临合法性危机，ICSID 仲裁仍然是投资者—国家争端解决机制中最为重要的途径。2022 年《ICSID 仲裁规则》的修订是 ICSID 面对批评的重要变革，在透明度、节约成本以及提高效率等方面取得了显著进步。具体到临时措施的规定，该规则第 47 条明确了临时措施的效力、临时措施的具体类型、作出临时措施的条件以及需要遵循的程序。第 53 条以第 47 条为基础对费用担保的相关内容进行专门规定。这一修订增强了临时措施的可预期性，凸显临时措施"临时性"以及"特殊性"的本质特征，有助于增强仲裁实践的一致性，平衡东道国与投资者之间的利益。追根溯源，许多修订内容是对包括 RSM 案在内的实践经验的采纳与发展。

ICSID 体系下临时措施实践中产生的问题与争议，或是此次规则的修订，都对我国仲裁机构具有重要的参考借鉴价值。当下我国国际投资仲裁方兴未艾，投资仲裁规则关于临时措施的规定或尚显粗略，或缺乏实践检验，仍有改进与提升的空间。从以 RSM 案为代表的 ICSID 案例入手，可以厘清 2022 年《ICSID 仲裁规则》的制度脉络与背后的政策考量，助力我国投资仲裁临时措施规则的完善，提高我国投资仲裁规则的国际化水平。

（责任编委：陈宓）[①]

---

① 中国国际经济贸易仲裁委员会监督协调处职员。

约定扩大仲裁裁决司法审查范围对仲裁条款效力的影响：从七某公司案切入[*]

黄保持[**]

摘　要：我国法律明确规定人民法院是有权审查仲裁裁决的唯一主体，且详细列明人民法院审查仲裁裁决的事项。若当事人直接或者间接约定扩大人民法院审查仲裁裁决事由的范围，该内容则因违反我国强制性规定而无效。在当事人达成既有约定争议请求仲裁又有约定扩大仲裁裁决司法审查范围等内容的仲裁条款情形下，法院或仲裁庭理应根据"仲裁条款独立性"及"民事法律行为部分无效"等规则，除去当中无效的约定内容（约定扩大仲裁裁决司法审查范围）后，认定其有效的法定内容（约定争议请求仲裁）继续有效。

关键词：仲裁裁决司法审查范围　仲裁条款独立性　民事法律行为部分无效

一、案件及问题

（一）案件概要

香港七某（集团）有限公司（以下简称七某公司）与某公司在仲裁条款中约定适用包含法院裁定撤销涉外仲裁裁决事由规定的《深圳仲裁委员会仲裁规则（2001）》（以下简称《深仲规则》，现已失效）第76条。仲裁裁决作出后，七某公司向深圳市中级人民法院（以下简称深圳中院）申请撤销该仲裁裁

---

[*] 本文系2020年桂林电子科技大学校级教育教学改革一般项目"融入自我评估、同侪互评和修改回应之法学论文写作"（JGB202020）；2020年广西高校中青年教师科研基础能力提升项目"我国合意仲裁裁决司法监督制度研究"（2020KY05005）的研究成果。

[**] 法学博士，桂林电子科技大学法学院讲师、校聘副教授，硕士生导师。

决。就撤裁标准而言，法院应依据法律规定还是当事人约定，受案法院——深圳中院有两种不同的意见。大部分的意见认为法院应当依据当事人约定的标准进行审查，① 少部分意见则认为法院应当依据法律规定的标准进行审查。② 经过衡量，深圳中院倾向于前者的意见。广东省高级人民法院（以下简称广东高院）则支持深圳中院少数意见。③ 再者，最高人民法院亦赞成深圳中院的少数意见。④

（二）"暗藏"之问题

从前述内容的"表面"上看，本案争议焦点无疑是对深圳仲裁委员会作出

---

① "对涉外仲裁裁决，在司法实践中，原则上只进行程序审查。但对深圳仲裁委作出的涉外仲裁裁决的审查则存在特殊性。《深圳仲裁委员会仲裁规则》第七章关于涉外仲裁第 86 条规定，一方或双方当事人为外国当事人的纠纷的裁决，适用本章的规定；本章没有规定的，适用本规则其他有关规定。该章对涉外裁决的撤销事由虽然没有特别规定，但该规则第五章第 76 条规定了撤销事由，包括伪造证据、隐瞒重要证据。根据该会的仲裁规则，上述撤销事由适用于涉外裁决。而且，仲裁制度的本质和基础是当事人意思自治，双方选择了仲裁规则，就等于双方同意撤裁也应按规则进行，也就是说双方约定的撤销标准，不违反法律的禁止性规定即可。《民事诉讼法》第 260 条第 1 款规定审查的一般标准（默认标准），并非强制性的规定，当事人可以放弃或者变更。如果坚持只能按《民事诉讼法》第 260 条第 1 款进行审查则违背了当事人共同的意思表示，否定了当事人正当的程序选择权。因此，对深圳仲裁委作出的仲裁裁决应当根据仲裁规则和当事人的约定进行实体审查，即审查是否存在伪造证据、隐瞒重要证据的事实。"详见《广东省高级人民法院关于香港七好（集团）有限公司申请部分撤销〔2002〕深仲裁字第 641 号裁决一案的请示》（〔2003〕粤高法民四他字第 14 号），载万鄂湘主编：《涉外商事海事审判指导》（第 9 辑），人民法院出版社 2005 年版，第 66—67 页。

② "仲裁裁决的司法审查标准只能是法定的，仲裁规则和当事人的约定不能改变法定的审查标准。"详见《广东省高级人民法院关于香港七好（集团）有限公司申请部分撤销〔2002〕深仲裁字第 641 号裁决一案的请示》（〔2003〕粤高法民四他字第 14 号），载万鄂湘主编：《涉外商事海事审判指导》（第 9 辑），人民法院出版社 2005 年版，第 67 页。

③ "关于对深圳仲裁委作出的涉外仲裁裁决能否进行部分实体审查，即能否对证据、事实进行审查的问题。根据《中华人民共和国民事诉讼法》和《中华人民共和国仲裁法》的相关规定，人民法院对申请撤销的涉外仲裁裁决只能进行程序审查，不能进行实体审查，包括部分实体审查。涉外仲裁裁决的司法审查标准只能是法定的，与仲裁规则及有关当事人约定无关。本案中不存在依深圳仲裁规则就是否伪造证据及隐瞒重要证据实体审查的情由。另外，仲裁规则的规定应当符合《中华人民共和国民事诉讼法》和《中华人民共和国仲裁法》的规定。综上，我院倾向于认为不应对该仲裁裁决作实体审查。"《广东省高级人民法院关于香港七好（集团）有限公司申请部分撤销〔2002〕深仲裁字第 641 号裁决一案的请示》（〔2003〕粤高法民四他字第 14 号），载万鄂湘主编：《涉外商事海事审判指导》（第 9 辑），人民法院出版社 2005 年版，第 67 页。

④ "对仲裁裁决进行司法审查是我国法律赋予人民法院的职责。我国法律并没有赋予当事人约定撤销仲裁裁决审查标准的权利，因此，人民法院对是否应当撤销有关仲裁裁决进行审查应当严格依照法律规定进行，不能以当事人选择的仲裁规则中有关于撤销仲裁裁决范围的规定，进而认为当事人选择了撤销有关仲裁裁决的审查标准，并以该标准对仲裁裁决进行审查。本案所涉仲裁裁决为涉港仲裁裁决，应当参照我国《民事诉讼法》第二百六十条的规定予以审查。"《最高人民法院关于香港七好（集团）有限公司申请部分撤销〔2002〕深仲裁字第 641 号裁决一案的请示的复函》（〔2004〕民四他字第 26 号），载万鄂湘主编：《涉外商事海事审判指导》（第 9 辑），人民法院出版社 2005 年版，第 65 页。

涉外仲裁裁决（〔2002〕深仲裁字第641号），受案法院应以我国撤销涉外仲裁裁决的法律规定还是以《深仲规则》撤销涉外仲裁裁决的规定为标准进行审查的问题。于此，广东高院及最高人民法院也已阐述得非常清楚、明确，即法院应当以我国法律规定为标准审查当事人申请撤销涉外仲裁裁决事宜。笔者亦赞同该观点，在此不再赘述。

反观本案，虽然囿于案件相关文书公开程度的限制而无从得知当事人达成仲裁条款的具体内容，但是结合深圳中院审查意见（"双方选择了仲裁规则"）和《深仲规则》第11条等内容，我们仍然可以推断出当事人达成了如下类似协议，即"因本合同引起的或与本合同有关的任何争议，双方当事人有权提交深圳仲裁委员会根据其现行有效的仲裁规则仲裁解决"。其特殊之处在于，《深仲规则》不仅规定了撤销涉外仲裁裁决的审查标准，而且范围比1991年《民事诉讼法》第260条第1款（现已失效，对应2023年修正的《民事诉讼法》第291条第1款，该条内容未作修改）规定更为"宽泛"。实则，这里"暗藏"着一个涉案法院及当事人均未予以关注而又需要事先予以解决的问题，即当事人约定扩大撤销仲裁裁决司法审查范围的这一部分内容对案涉仲裁条款的效力有无影响以及有何影响。换言之，争议发生后，当事人申请法院或仲裁委员会确认该类仲裁条款的最终效力时，如何作出认定？详言之，该类仲裁条款如何解读？效力如何判断？

对于前述问题，《仲裁法》、《民事诉讼法》及相关司法解释等均未提供现成的答案。再者，虽然我国仲裁理论界的相关研究成果有所涉及，[①] 但是鲜有专门、详细的论述。为此，笔者将在下文以此案为基础并结合实在法和法学理论进行分析。通过本研究，一方面希望进一步拓展仲裁条款效力认定问题的研究边界，另一方面希望对我国日后的司法及仲裁实践有所启示。

[①] 参见宋连斌、黄进：《〈中华人民共和国仲裁法〉建议修改稿》，载《法学评论》2003年第4期，第96、97页；左海聪、胡永攀：《美国仲裁当事人协议扩大司法审查探析》，载《法治论丛》2006年第2期，第123—128页；丁颖：《论当事人对仲裁裁决司法审查范围的合意变更》，载《法学评论》2006年第5期，第37—43页；胡秀娟：《论美国仲裁当事人对司法审查范围的协议扩大》，载《武汉理工大学学报（社会科学版）》2007年第4期，第464—468页；房沫：《扩大司法审查协议是与非》，载《北京仲裁》2009年第3期，第22—39页；宋连斌主编：《仲裁法》，武汉大学出版社2010年版，第234—245页；石现明：《国际商事仲裁当事人扩大司法审查范围之协议及其效力探析》，载《北京交通大学学报（社会科学版）》2012年第1期，第112—116页；王显荣：《合意变更商事仲裁司法审查范围在美国的发展和嬗变——兼论对我国法院处理同类案件之启示》，载《河北法学》2012年第3期，第169—176页；李凤琴：《仲裁当事人协议扩大司法审查范围的效力》，载《云南大学学报（法学版）》2012年第4期，第115—120页；李红建：《仲裁司法审查的困境及其应对》，载《法律适用》2021年第8期，第48—59页；等等。

二、案涉仲裁条款之内容解读

本案中，由于一方当事人为中国香港特别行政区注册公司，根据我国司法解释规定①具有涉外因素。结合上下文内容，本案仲裁条款适用的法律为中国法。

（一）仲裁条款

仲裁条款是"当事人签订有关商事合同或协议时约定将来可能发生的争议提交仲裁解决的条款"。② 其内容，不仅是仲裁条款的组成要素，全面、完整地记录当事人选择仲裁的意思表示，也是当事人根据自愿达成的生效仲裁条款依法应享有的权利和承担的义务。通常情况下，它可以划分为以下两个具体内容：其一为法定内容，即法律规定仲裁条款必须具备的内容。它既是仲裁条款的主要部分，又是完备的仲裁条款不可缺少的基本部分。其二为约定内容，即法律规定仲裁条款必备内容之外的其他内容，如仲裁规则、仲裁庭组成、仲裁审理方式及仲裁地点等。

根据《仲裁法》第16条的规定，仲裁条款的法定内容如下：

1. 请求仲裁的意思表示

请求仲裁的意思表示指的是"当事人同意将他们之间的契约性或非契约性的特定法律关系上已经发生或可能发生的一切或某些争议提交仲裁的意思表示"。③ 双方当事人自愿达成的请求仲裁的意思表示，是仲裁条款最基本、最重要的内容，也是仲裁条款得以成立的前提条件。④ 反之，不能通过仲裁方式解决。实践中，豪某公司案⑤等是这方面的典型例子。是故，当事人意欲通过仲

---

① 《最高人民法院关于贯彻执行〈中华人民共和国民法通则〉若干问题的意见（试行）》（现已失效）第178条第1款："凡民事关系的一方或者双方当事人是外国人、无国籍人、外国法人的；民事关系的标的物在外国领域内的；产生、变更或者消灭民事权利义务关系的法律事实发生在外国的，均为涉外民事关系。"又见《最高人民法院关于适用〈中华人民共和国涉外民事关系法律适用法〉若干问题的解释（一）》第1条。
② 宋连斌主编：《仲裁法》，武汉大学出版社2010年版，第109页。
③ 参见杨玲：《论仲裁协议的成立与有效——以我国法院仲裁协议司法审查的范围为例》，载《中国国际私法与比较法年刊》（2008年卷），北京大学出版社2008年版，第415页。
④ 参见常英主编：《仲裁法学》（第3版），中国政法大学出版社2013年版，第70—71页。
⑤ 《最高人民法院关于对广东省高级人民法院就豪美有限公司申请确认仲裁协议效力一案的请示的复函》（〔2015〕民四他字第36号），载贺荣主编：《涉外商事海事审判指导》（第31辑），人民法院出版社2016年版，第25页。

裁方式解决他们之间的争议，首先必须达成请求仲裁的合意。①

2. 仲裁事项

仲裁事项指的是"当事人提交仲裁解决的争议内容"。② 仲裁庭行使管辖权限的范围取决于当事人对仲裁事项的约定。具体而言，我们可以细分为以下两种情形。一是当事人在仲裁条款中未就仲裁事项作出约定的，仲裁庭即无权审理案件并作出裁决。③ 根据《仲裁法》及《最高人民法院关于适用〈中华人民共和国仲裁法〉若干问题的解释》（以下简称《仲裁法司法解释》）的规定，当事人不仅可以对仲裁事项作出具体约定，还可以对仲裁事项作出概括性约定。④ 实践中，当事人未约定仲裁事项的情形是极为罕见的。二是除了当事人约定的仲裁事项，仲裁庭无权对其他事项进行审理并作出裁决，⑤ 如辉某公司案⑥。此外，虽然当事人约定了仲裁事项，但是该仲裁事项不具有可仲裁性的，仲裁庭同样无权审理案件并作出裁决。⑦ 实践中，嘉某公司案⑧和富某公司案⑨等案件是这方面的典型例子。综上，当事人在仲裁条款中必须明确规定将何种争议提交仲裁裁决。⑩

---

① 《仲裁法》第4条规定："当事人采用仲裁方式解决纠纷，应当双方自愿，达成仲裁协议。没有仲裁协议，一方申请仲裁的，仲裁委员会不予受理。"

② 宋连斌主编：《仲裁法》，武汉大学出版社2010年版，第110页。

③ 《仲裁法》第18条规定："仲裁协议对仲裁事项或者仲裁委员会没有约定或者约定不明确的，当事人可以补充协议；达不成补充协议的，仲裁协议无效。"

④ 《仲裁法司法解释》第2条规定："当事人概括约定仲裁事项为合同争议的，基于合同成立、效力、变更、转让、履行、违约责任、解释、解除等产生纠纷都可以认定为仲裁事项。"

⑤ 《仲裁法》第58条，《民事诉讼法》第252条、第291条和《承认及执行外国仲裁裁决公约》第5条。

⑥ 《最高人民法院关于辉影媒体销售有限公司申请撤销〔2003〕大仲字第083号仲裁裁决一案请示的复函》（〔2004〕民四他字第24号），载万鄂湘主编：《涉外商事海事审判指导》（第10辑），人民法院出版社2005年版，第59页。

⑦ 《仲裁法》第2条规定："平等主体的公民、法人或其他组织之间发生的合同纠纷和其他财产权益纠纷，可以仲裁。"第3条规定："下列纠纷不能仲裁：（一）婚姻、收养、监护、扶养、继承纠纷；（二）依法应当由行政机关处理的行政争议。"第77条规定："劳动争议和农业集体经济组织内部的农业承包合同纠纷的仲裁，另行规定。"

⑧ 《最高人民法院关于撤销中国国际经济贸易仲裁委员会（2009）CIETAC BJ裁决（0355）号裁决案的请示的复函》（〔2011〕民四他字第13号），载万鄂湘主编：《涉外商事海事审判指导》（第22辑），人民法院出版社2012年版，第164页。

⑨ 《最高人民法院关于广东省高级人民法院就申请人富建集团有限公司申请撤销深圳仲裁委员会〔2015〕深仲裁字第2475号仲裁裁决一案的请示的复函》（〔2018〕最高法民他34号），载杨万明主编：《涉外商事海事审判指导》（第36辑），人民法院出版社2020年版，第101页。

⑩ 宋连斌主编：《仲裁法》，武汉大学出版社2010年版，第110页。

3. 仲裁机构

仲裁机构指的是"民商事关系特别是商事关系中,双方当事人自主选择用来解决他们之间可能发生或者已经发生的法律纠纷的民间性组织"。[1] 根据《仲裁法》第 16 条、第 18 条的规定,选定的仲裁委员会也是有效仲裁条款所必须具备的一项内容。是故,当事人在仲裁条款中应当选定解决争议的仲裁机构。若当事人未约定仲裁机构,那么当事人所达成的仲裁条款将得不到法律的承认。如协议约定,"各方之间出现的所有在有关本合同的有效性、具体表达和执行方面的争议将通过仲裁方式解决。具体方式:每方选择一个仲裁人,如果有一方在确认收到挂号信八日内没有答复的话,另一方选定的仲裁人即为最后确定的仲裁人。由二位仲裁人推选第三位仲裁人担任仲裁法庭主席。如果二位仲裁人没能选出仲裁法庭主席的话,那这一人选将由南锡商业法庭主席根据最早提出要求一方的意愿来决定"。[2] 当事人之间存在明确的请求仲裁意思表示,也对仲裁事项进行了明确的约定。可是,由于当事人没有对仲裁解决争议的仲裁机构作出约定而未得到我国法律承认。再者,我国实行协议仲裁制度,仲裁不实行地域管辖和级别管辖。[3] 除了中国国际经济贸易仲裁委员会和中国海事仲裁委员会外,我国在《仲裁法》颁布后新组建的仲裁委员会不止一家。[4] 故而,双方当事人在订立仲裁条款时必须明确约定哪个仲裁机构对纠纷作出裁决,以便该仲裁机构行使管辖权。否则,双方当事人之间的仲裁条款无法履行。如协议约定,"在本合同执行期间,发包人与承包人如发生争议,应及时协商解决。若协商不成,可向上海市的仲裁委员会提请仲裁"。[5] 该协议中,当事人之间请求仲裁的意思表示和仲裁事项均是明确的。然而,当事人约定仲裁机构为"上海市的仲裁委员会"则是不明确的约定,同样得不到我国法律承认。除非,仲裁

---

[1] 宋连斌主编:《仲裁法》,武汉大学出版社 2010 年版,第 30 页。

[2] 《最高人民法院关于 DNT FRANCE(法国 DNT 股份有限公司)与中山市凤凰家电有限公司、林建明、周小杰、王丙炎经营合同纠纷一案管辖问题的请示的复函》(〔2006〕民四他字第 46 号),载万鄂湘主编:《涉外商事海事审判指导》(第 14 辑),人民法院出版社 2007 年版,第 110 页。

[3] 《仲裁法》第 6 条规定:"仲裁委员会应当由当事人协议选定。仲裁不实行级别管辖和地域管辖。"

[4] 《仲裁法》第 10 条规定:"仲裁委员会可以在直辖市和省、自治区人民政府所在地的市设立,也可以根据需要在其他设区的市设立,不按行政区划层层设立。仲裁委员会由前款规定的市的人民政府组织有关部门和商会统一组建。设立仲裁委员会,应经省、自治区、直辖市的司法行政部门登记。"

[5] 《最高人民法院对山东省高级人民法院关于申请人北京国风建业门窗制造有限公司与被申请人青岛世茂新城房地产开发有限公司申请确认仲裁协议效力一案请示的答复》(〔2018〕最高法民他 54 号),载杨万明主编:《涉外商事海事审判指导》(第 36 辑),人民法院出版社 2020 年版,第 37 页。

条款约定由某地的仲裁机构仲裁且该地仅有一个仲裁机构。如果该地有多个仲裁机构，当事人可协议选择向该地的其中一个仲裁机构申请仲裁①，以使该仲裁条款有效。

（二）本案仲裁条款的构成要素

基于前述分析，结合上下文意思，可知本案仲裁条款的内容为：

1. 法定内容

案涉仲裁条款的法定内容为："因本合同引起的或与本合同有关的任何争议，双方当事人有权提交深圳仲裁委员会仲裁解决。"从该内容，我们不难得知当事人之间存在请求仲裁的意思表示；当事人约定的仲裁事项是明确的（"因本合同引起的或与本合同有关的任何争议"）；当事人约定了明确的仲裁机构（"深圳仲裁委员会"）。

2. 约定内容

除了法定内容外，案涉仲裁条款还包含仲裁庭审理该案适用的仲裁规则，即《深仲规则》。综观其内容，不仅有仲裁程序的相关规定，而且有法院撤销涉外仲裁裁决事由的规定。但是，将《深仲规则》与 1991 年《民事诉讼法》第 260 条第 1 款相较，我们发现《深仲规则》除了程序审查事项外，还有实体审查事项的内容。很明显，本案中当事人间接扩大了撤销涉外仲裁裁决事由的范围。

综上，我们可以得知本案仲裁条款除包含当事人请求深圳仲裁委员会仲裁他们之间争议的内容外，还有当事人约定扩大撤销涉外仲裁裁决事由范围的内容。

三、案涉仲裁条款的效力

根据《仲裁法》第 16 条、第 18 条的规定，案涉仲裁条款的法定内容系属有效。然而，其特殊之处在于约定内容。那么，受案法院是直接根据有效的法定内容来认定案涉仲裁条款的最终效力，抑或需要兼顾其约定内容的效力后再行判断案涉仲裁条款的最终效力？于此，尽管《仲裁法》未作出进一步的规定，但约定内容也是仲裁条款的组成部分。是故，法院不应只判断其法定内容

---

① 《仲裁法司法解释》第 6 条规定："仲裁协议约定由某地的仲裁机构仲裁且该地仅有一个仲裁机构的，该仲裁机构视为约定的仲裁机构。该地有两个以上仲裁机构的，当事人可以协议选择其中的一个仲裁机构申请仲裁；当事人不能就仲裁机构选择达成一致的，仲裁协议无效。"

的效力后径直"跳跃至"案涉仲裁条款的最终效力认定。

(一) 当事人合意扩大申请撤销涉外仲裁裁决事由范围的约定效力

1. 我国撤销涉外仲裁裁决事由范围规定的性质

强制性规定，或称"强行规则"，是指"不能根据当事人事先的协议选择、修改以排除或变通适用的法律规则"。①

撤销仲裁裁决是指"对于符合法律规定情况的仲裁裁决，经当事人提出申请，管辖法院在审查后裁定撤销仲裁裁决的行为"。② 出于"保护当事人的合法权益，减少仲裁工作中的失误"③ 的考虑，我国立法机关在《仲裁法》中增设了撤销仲裁裁决程序。它是法律赋予法院监督仲裁裁决的职权之一，任何仲裁机构及个人都无权撤销已作出的仲裁裁决。④ 实践中，鹏某公司案⑤就是最好的证明。与此同时，本法还从正面明确规定了法院撤销涉外仲裁裁决的事由。⑥《仲裁法司法解释》第 17 条⑦则从反面重申法院撤销涉外仲裁裁决事由的范围。实践中，先某大酒店案⑧和天某公司案⑨等均是这方面的典型案例。

---

① 张圣翠：《国际商事仲裁强行规则研究》，北京大学出版社 2007 年版，第 7 页。
② 黄进、宋连斌、徐前权：《仲裁法学》，中国政法大学出版社 2008 年版，第 141 页。
③ 顾昂然：《关于〈中华人民共和国仲裁法（草案）〉的说明》，载全国人大常委会法制工作委员会民法室、中国国际经济贸易仲裁委员会秘书局编著：《中华人民共和国仲裁法全书》，法律出版社 1995 年版，第 152 页。
④ 参见黄进、宋连斌、徐前权：《仲裁法学》，中国政法大学出版社 2008 年版，第 141 页；赵艳华：《关于仲裁裁决撤销的一点思考》，载《哈尔滨学院学报》2007 年第 9 期，第 76 页。
⑤ 《最高人民法院关于是否裁定撤销承德仲裁委员会仲裁裁决的请示的复函》（〔2005〕民四他字第 51 号），载万鄂湘主编：《涉外商事海事审判指导》（第 12 辑），人民法院出版社 2006 年版，第 73—74 页。
⑥ 《仲裁法》第 70 条规定："当事人提出证据证明涉外仲裁裁决有民事诉讼法第二百五十八条第一款规定的情形之一的，经人民法院组成合议庭审查核实，裁定撤销。"（对应 2023 年修正后的《民事诉讼法》第 291 条。）
《民事诉讼法》第 291 条第 1 款规定："对中华人民共和国涉外仲裁机构作出的裁决，被申请人提出证据证明裁决有下列情形之一的，经人民法院组成合议庭审查核实，裁定不予执行：（一）当事人在合同中没有订有仲裁条款或者事后没有达成书面仲裁协议的；（二）被申请人没有得到指定仲裁员或者进行仲裁程序的通知，或者由于其他不属于被申请人负责的原因未能陈述意见的；（三）仲裁庭的组成或者仲裁的程序与仲裁规则不符的；（四）裁决的事项不属于仲裁协议的范围或者仲裁机构无权仲裁的。"
⑦ "当事人以不属于仲裁法第五十八条或者民事诉讼法第二百五十八条规定的事由申请撤销仲裁裁决的，人民法院不予支持。"
⑧ 《最高人民法院关于天津先达大酒店申请撤销〔2003〕津仲裁字 364 号仲裁裁决一案的请示的复函》（〔2005〕民四他字第 26 号），载万鄂湘主编：《涉外商事海事审判指导》（第 11 辑），人民法院出版社 2006 年版，第 136 页。
⑨ 《最高人民法院关于浙江省天河房地产联合发展公司申请撤销中国经济贸易仲裁委员会上海分会仲裁裁决案的复函》（〔2003〕民四他字第 19 号），载万鄂湘主编：《涉外商事海事审判指导》（第 7 辑），人民法院出版社 2004 年版，第 23—24 页。

综合前述规定的上下文意思,可以发现我国法律在规定法院撤销涉外仲裁裁决事由的同时,又对法院撤销涉外仲裁裁决的事由范围作了严格的限定。易言之,法院仅能依前述规定的事由撤销涉外仲裁裁决。若是以前述规定事由之外的事由撤销涉外仲裁裁决,那么其裁定将得不到法律的支持。进言之,这些规定都表明,设立撤销涉外仲裁裁决制度是非常必要的。但与此同时,法院撤销涉外仲裁裁决时必须严格依照这些法律规定的条件来进行。只有这样,一方面才能贯彻实现设立撤销涉外仲裁裁决制度的初衷,另一方面也能防止法院滥用监督程序,以最终确保仲裁法律制度得以健康顺利发展。①

从上述规定的立法旨意上看,我国法律中关于法院撤销涉外仲裁裁决事由范围的规定系属强制性规定的范畴。

2. 当事人约定扩大撤销涉外仲裁裁决事由范围的法律后果

本案中,当事人选择仲裁方式处理他们之间的争议并明确约定适用《深仲规则》,因而该《深仲规则》中的有关内容(包括撤销涉外仲裁裁决事由范围的规定)已是当事人仲裁条款的组成部分。② 如上文所述,《深仲规则》中有关撤销涉外仲裁裁决事由范围的规定比我国法定撤销涉外仲裁裁决事由的范围多了"实体事项"。据此,我们不难发现当事人已合意扩大了法院撤销涉外仲裁裁决司法审查的范围。那么,当事人约定扩大撤销涉外仲裁裁决事由范围的效力如何?

对此问题,《仲裁法》及《仲裁法司法解释》均未提供现成的答案。但是,鉴于当事人一致达成的仲裁条款系当事人双方自愿实施的结果,故而其内容既要满足仲裁条款生效的特殊要求,又要满足民事法律行为生效的一般要求。概言之,仲裁条款的内容必须符合法律规定,即"仲裁条款的各项规定符合法律要求,不得违反强制性规定"。③ 如前所述,仲裁条款的内容可分为法定内容和约定内容。故而,仲裁条款的法定内容不得违反强制性规定,其约定内容也不得违反强制性规定。反之,该仲裁条款不会产生法律效力,得不到法律的承认。④

---

① 参见谢石松主编:《商事仲裁法学》,高等教育出版社2003年版,第296页。
② 《最高人民法院关于不予承认日本商事仲裁协会东京04-05号仲裁裁决的报告的复函》(〔2007〕民四他字第26号),载万鄂湘主编:《涉外商事海事审判指导》(第16辑),人民法院出版社2008年版,第38—39页。
③ 参见宋连斌主编:《仲裁法》,武汉大学出版社2010年版,第121页。
④ 参见谭兵:《中国仲裁制度研究》,法律出版社1995年版,第193页。

反观本案，当事人约定仲裁条款的法定内容因不存在法定无效的情形且未违反强制性规定而有效。然而，其约定内容违反了我国撤销涉外仲裁裁决事由范围的强制性规定。其中，关于民事法律行为违反强制性规定的效力认定，我国 1981 年《经济合同法》（已失效）第 7 条，1985 年《涉外经济合同法》（已失效）第 9 条，《民法通则》（已失效）第 55 条和第 57 条，《经济合同法》（1993 年修正，已失效）第 7 条，《合同法》（已失效）第 52 条，《最高人民法院关于适用〈中华人民共和国合同法〉若干问题的解释（二）》（法释〔2009〕5 号，已失效）第 14 条，《最高人民法院关于当前形势下审理民商事合同纠纷案件若干问题的指导意见》（法发〔2009〕40 号）第 15 条和第 16 条，《最高人民法院关于印发〈全国法院民商事审判工作会议纪要〉的通知》（法〔2019〕254 号）第 30 条和第 31 条，《民法总则》（已失效）第 143 条和第 153 条，《民法典》第 143 条和第 153 条及《最高人民法院关于适用〈中华人民共和国民法典〉合同编通则若干问题的解释》（法释〔2023〕13 号）第 16 条、第 17 条和第 18 条等先后作出了规定。不难发现，在合同是否因违反强制性规定而无效的问题上，我国是不断限缩的。① 至于申请撤销涉外仲裁裁决，虽然是我国法律赋予当事人的一种权利救济，但是当事人该项权利救济的实现并不是任意无限制的。就法院撤销涉外仲裁裁决事由范围的规定而言，其主要目的在于限制法院的司法审查范围及其权限的行使。它"具有强烈的公法属性，不属于当事人意思自治的范畴，当事人不能以协议方式赋予法院超出法律规定范围的管辖权"。② 反之，如果依约履行，势必会破坏我国社会公共秩序。

综上，本案中当事人协议扩大撤销涉外仲裁裁决司法审查事由的范围显然依据现有法律法规规定理应认定为无效。

（二）本案仲裁条款效力的最终认定

由上述分析可知，本案仲裁条款的法定内容是有效的，而约定内容是无效的。那么，本案仲裁条款是否因为约定内容无效进而被认定无效？对此，以下内容结合仲裁条款独立性和民事法律行为部分无效之理论及实在法进行分析。

---

① 参见《民法典合同编通则解释》起草工作组：《〈最高人民法院关于适用《中华人民共和国民法典》合同编通则若干问题的解释〉重点问题解读》，载《法律适用》2024 年第 1 期，第 14—15 页。

② 石现明：《国际商事仲裁当事人扩大司法审查范围之协议及其效力探析》，载《北京交通大学学报（社会科学版）》2012 年第 1 期，第 115—116 页。

1. 仲裁条款独立性

仲裁条款独立性指的是"仲裁条款的效力独立于主合同"。[1] 该规则为各国及国际立法所普遍规定的一项制度，我国立法同样予以采纳。具体而言，《仲裁法》第19条[2]和《仲裁法司法解释》第10条[3]等均作出了明确的规定。此外，司法实践中，最高人民法院在运某公司案中对仲裁条款独立性原则予以明确采用并对该原则的适用予以明确阐明。[4]

反观本案，虽然我国法律及司法实践均认可仲裁条款的独立性，但是并未对其法定内容能否独立于约定内容的问题作出进一步规定。纵然如此，鉴于本案仲裁条款的法定内容和约定内容所指向的事项是不一致的，且后者并不是前者的必要组成部分，故本案仲裁条款法定内容可以独立于其约定内容而存在。

2. 民事法律行为部分无效

民事法律行为部分无效指的是"仅行为内容的一部分无效，而其他部分可以有效的民事行为"。[5] 该规则为世界各国或者地区立法所普遍规定，[6] 我国也不例外。《经济合同法》（已失效）第7条、《民法通则》（已失效）第60条、《合同法》（已失效）第56条、《民法总则》（已失效）第156条及《民法典》第156条等都先后作出明确规定。该规则适用的原理在于"既然不影响其他部分的效力，其他部分的效力，当然应当根据民事法律行为效力认定规则进行认定。反之，如果认定无效，反而于法无据"。[7] 可是，民事法律行为部分无效这一规则的适用并不是任意的，需要同时满足以下三个条件：（1）该民事法律行为具有一体性；（2）该民事法律行为具有可分性；（3）不得违背诚实信用原则。[8]

就本案仲裁条款而言，法定内容和约定内容都是仲裁条款的组成部分。其

---

[1] 宋连斌：《合同转让对仲裁条款效力的影响——评武汉中苑科教公司诉香港龙海（集团）有限公司确认仲裁条款效力案》，载《中国对外贸易》2001年第12期，第46页。

[2] "仲裁协议独立存在，合同变更、解除、终止或者无效，不影响仲裁协议的效力。仲裁庭有权确认合同的效力。"

[3] "合同成立后生效或者被撤销的，仲裁协议效力的认定适用仲裁法第十九条第一款的规定。当事人在订立合同时就争议达成仲裁协议的，合同未成立不影响仲裁协议的效力。"

[4] 最高人民法院指导案例196号。

[5] 郭明瑞主编：《民法》（第2版），高等教育出版社2007年版，第118页。

[6] 参见黄薇主编：《中华人民共和国民法典总则编释义》，法律出版社2020年版，第413—414页。

[7] 参见最高人民法院民法典贯彻实施工作领导小组主编：《中华人民共和国民法典总则编理解与适用（下）》，人民法院出版社2020年版，第782页。

[8] 参见马俊驹、余延满：《民法原论》（第4版），法律出版社2010年版，第203—204页。

中，法定内容指向的是争议请求仲裁解决，而约定内容所指向的是当事人约定扩大撤销涉外仲裁裁决事由范围，两者具有可分性。除去无效的约定内容后，法定内容仍然是一个独立的内容，且不会违背当事人欲通过仲裁方式解决他们之间争议的愿望。

综上，法院应认定本案仲裁条款中的法定内容继续有效。亦即，本案仲裁条款的最终效力为有效。

四、结语

在裁判方法上，受案法院仅凭对本案仲裁条款法定内容的效力认定径行判断本案仲裁条款最终效力的做法是值得商榷的。法院采取以下做法或许更为恰当：(1) 在判断仲裁条款效力前，须对它的内容进行解读；(2) 当事人达成的仲裁条款，可能只有法定内容，也可能既有法定内容又有约定内容；(3) 我国法律没有赋予当事人约定扩大撤销涉外仲裁裁决事由范围的权利，故而当事人约定扩大撤销涉外仲裁裁决事由范围的内容无效；(4) 在当事人达成的仲裁条款包括争议请求仲裁解决和约定扩大撤销涉外仲裁裁决事由范围等内容的情况下，应依据"争议解决条款独立性"和"民事法律行为部分无效"规则来认定请求仲裁解决争议的内容继续有效。此外，我国对非涉外仲裁裁决和涉外仲裁裁决规定了两种不完全相同的审查标准。仲裁裁决的司法审查机制，除撤销仲裁裁决外，还有不予执行仲裁裁决。当事人不管是约定扩大撤销非涉外仲裁裁决事由范围，还是约定扩大不予执行涉外仲裁裁决事由范围，抑或约定扩大不予执行非涉外仲裁裁决事由范围等情形，法院或者仲裁庭均可参照前述裁判方法对仲裁条款的效力予以判断。

(责任编委：张晓宇)[①]

[①] 中国国际经济贸易仲裁委员会华南分会秘书长助理。

书 评

FIDIC 红皮书合同：国际的逐条释义
——导读与书评
(The FIDIC Red Book Contract: An International Clause-by-Clause Commentary)

陈希佳[*]

摘　要：国际工程法学界重量级专家克里斯托弗·塞帕拉（Christopher R. Seppälä）先生著作了《FIDIC 红皮书合同：国际的逐条释义》（*The FIDIC Red Book Contract: An International Clause-by-Clause Commentary*）一书，该书于 2023 年由荷兰威科集团的克鲁维尔国际法律出版公司（Kluwer Law International）出版。作者 Seppälä 先生曾多次参与 FIDIC 国际咨询工程师联合会（法文为 Fédération Internationale des Ingénieurs-Conseils，取其前缀简称为 FIDIC；英文为 International Federation of Consulting Engineers，本文使用简称 FIDIC）一系列合同模板（包括红皮书）的改版，是撰写红皮书逐条释义的不二人选。他除了从英美法的角度进行释义之外，还着重从大陆法的角度进行分析与评论，并且援引国际法律原则及国际仲裁裁决，完全名实相副地从"国际"视角逐条释义。笔者经作者 Seppälä 先生邀请为其撰写书评，倍感荣幸，非常乐意提供导读与书评供大家参考。笔者先说明 FIDIC 及其出版的合同范本，再逐一介绍本书的各章概要，最后分享阅读本书的心得及书评，期待这些分享能协助读者更有效率、更流畅地享受这场极为丰富的知识盛宴。

---

[*] 陈希佳，中国国际经济贸易仲裁委员会仲裁员，特许仲裁学会（CIArb）特许仲裁员（Charted Arbitrator），众才国际律师事务所合伙人。

关键词：FIDIC　红皮书　国际工程　国际仲裁

一、前言

2023 年国际工程法律界的盛事（至少就笔者而言，没有之一），是曾担任 FIDIC 合同委员会（Contracts Committee）委员、法律/特别顾问三十余年，多次参与 FIDIC 一系列合同模板（包括红皮书）的改版，亦为国际商会国际仲裁院荣誉副院长的 Christopher R. Seppälä 先生著作了《FIDIC 红皮书合同：国际的逐条释义》(*The FIDIC Red Book Contract: An International Clause-by-Clause Commentary*) 一书（以下简称本书[①]），该书于 2023 年由 Kluwer Law International 出版。作者 Seppälä 先生多年来结合其工作经验，笔耕不辍，就工程与国际仲裁相关主题发表逾八十篇论文，篇篇掷地有声，是理论界与实务界经常援引的经典，其对 2017 年版红皮书的逐条释义自是业界人士常备案头的重要参考，广受好评。曾任职英国高等法院主持技术与工程法庭的前法官维维安·拉姆西（Vivian Ramsey）明确指出，"对 2017 年版红皮书进行详细分析，无人能更出其右"（There is nobody better able to produce a detailed analysis of the 2017 Red Book than he is.），可谓至高无上的评价。

本书厚达 1400 多页，为便利各界阅读，笔者非常荣幸应 Seppälä 先生的邀请，为本书撰写书评，借此介绍本书特色与各章概要，与大家分享笔者的心得领悟与观察，以期能提供导读，有助于大家更有效率、流畅地享受这场极为丰富的知识盛宴。

二、FIDIC 及其出版的合同范本

FIDIC 发布一系列的合同模板，分别适用于不同情况的国际工程。由于其依各合同模板的特性赋予不同颜色的书皮，故被综合称为彩虹书（Rainbow Book）。许多国际工程的业主经常视其个案情况，从这一系列的合同模板中选择合适者，纳入招标文件之一部，再加上世界银行、各开发银行将引用 FIDIC 合同条款列为融资的条件之一，故在实务中具有高度重要性。此外，该书也间接影响若干国内工程合同的解释与适用。

在彩虹书所包括的一系列合同模板中，红皮书（Red Book）的全称为：用

[①] Christopher R. Seppälä, The FIDIC Red Book Contract: An International Clause-by-Clause Commentary, Kluwer Law International, 2023.

于业主设计的房屋建筑和工程的施工合同条件（Conditions of Contract for Construction for Building and Engineering Works Designed by the Employer），其所适用的工程为：由业主提供设计，厂商按图施工。由工程师（Engineer）管理合同、监督工程、核付工程款。业主拥有知情权，应全程被告知，并且有权变更指示。合同金额可以是依实作数量结算或固定总价。这是实务中常见的工程类型，红皮书也成为经常被引用的合同范本之一，足见其重要性。

三、导读：各章概览

本书的特色之一是作者直到第四章才展开其就红皮书的逐条释义；在第一章至第三章，作者先依次说明本书的目的与架构、准据法及合同解释；最后于第五章评述红皮书通用条件之附属文件。谨依次分别说明各章重点如下：

（一）第一章"总论"

作者在本书第一章"总论"阐述本书之目的与架构。先从介绍 FIDIC 本身的组织与 FIDIC 发布的国际工程合同模板（包括红皮书）开始。其开宗明义地指出：尽管目前较常见的做法是从普通法系的角度来进行评释，但既然红皮书是供国际使用的标准合同模板，其在进行逐条评释时，就不仅从普通法系和大陆法系的角度来进行评释，而且援引国际法律原则及国际仲裁判断。作者注意到已有为数众多基于普通法对于 FIDIC 合同范本的评论，为平衡现况，作者反而会刻意着重从大陆法系、国际法律原则及国际仲裁判断的角度进行分析与评论。

（二）第二章"准据法"

在本书第二章"准据法"中，首先，作者说明所有法体系共通的法律原则，包括：合同自由、合同神圣与合同法绝大多数的规则都是"默认规则"，即仅在当事人未另行约定时才有所适用。其次，作者进一步从普通法系与大陆法系两个不同的角度来讨论国际工程合同中常见的议题，包括：诚信原则之义务（如有）、未依约履行之抗辩、是否必须发出违约通知（如有）、合同解除、合同管理者之角色、总价合同、分包商之直接权利（如有）、十年责任（decennial liability）、违约金与惩罚性违约金（liquidated damages and penalties）、损害赔偿之限制、不可抗力与艰困（force majeure and hardship）、到期款项的利息、破产与时效。再次，作者探讨了三个与国际工程合同直接相关的理论，即不可预见之物理障碍（unforeseeable physical difficulties，法文 sujétions imprévues）、艰困（hardship，法文 imprévisions）与王之行为（act of the Prince，法文 fait du prince）。此外，作者特别关注对国际工程合同而言特别重要的议题，即施工现场或施工现场所在国之强行法与必须适用开发较为落后国家之法律（作为准据法）的挑战。这是国际工程合同中常见的情况。最后，作者讨论了国际统一私法协会颁布的《国际商事合同通则》（*UNIDROIT Principles of International Commercial Contracts* 2016，简称 UNIDROIT Principles 2016）[1] 与贸易惯例，以及这些原则、惯例与 FIDIC 契约模板之关联性，作为本章之结尾。

（三）第三章"合同解释"

首先，作者于本章讨论解释 FIDIC 合同范本之特性，注意到红皮书中专门针对合同解释的诸多条款，再讨论常见的议题，例如不利解释原则、从定型化合同删除条款之效力、FIDIC 出版物（包括 FIDIC 的其他合同模板）与比较法，以及国际商会之仲裁判断在解释合同时的分量（如有）。其次，作者罗列了八大原因，论述其国际仲裁人与内国法院法官解释合同之方法不大相同的观点，并据之探讨国际仲裁条款对合同（特别是对于红皮书）解释之影响。最后，作者将其称为解释国际工程合同（如红皮书）的"务实方法"作为本章小结。作者表示该务实方法至少对其而言，在面对仲裁庭时是有用的。

（四）第四章"逐条释义"

作者于本章逐条释义红皮书的通用条件（General Conditions）[2]，计有 21 条，细分为 168 项，作者依下列 5 个标题进行分析：

1. 与 1999 年版红皮书比较之主要变更；
2. 识别并罗列其他与正在进行评释的条款相关之条款；
3. 作者的分析；
4. 援引相关的普通法、大陆法或国际仲裁判断，以及法律原则；
5. 在有需要的情况下，提供该条款的修正建议。

作者提及红皮书大约包含 100 个名词定义，推荐当事人使用 FIDIC 合同模

---

[1] 国际统一私法协会颁布的《国际商事合同通则》（UNIDROIT Principles 2016）序言表明：通则旨在为国际商事合同制定一般规则。当事人约定其合同受通则管辖时，应适用通则。当事人约定其合同受法律的一般原则、商人习惯法或类似规范管辖时，可适用通则。当事人未选择任何法律管辖其合同时，可适用通则。通则可用于解释或补充国际统一法文件。通则可用于解释或补充国内法，也可用作国内和国际立法的范本。

[2] General Terms、Particular Terms 有译者译为"通用条件、专用条件"，亦有译者译为"一般条款、特定条款"。

板时，应于其相互沟通往来中，使用该等已定义于合同中的名词。这些经过定义的名词应成为其通用语言。

作者在本章特别着墨下列 5 个主题：

1. 英国工程法学会（SCL）工期延误与干扰索赔分析准则与红皮书第 8 条涉及时间的条款；

2. 第 18 条规定之"特殊事件"（Exceptional Events）及大陆法或普通法下之合同义务的解消；

3. 第 20 条求偿条款相关之求偿程序及时限问题（包括如何克服）；

4. 第 20 条、第 21 条所规定各项进入仲裁的条件；

5. 第 21 条所规定之国际商会仲裁规则。

作者侧重说明红皮书第 14 条以下关于争端解决程序的条款。首先，红皮书第 14 条规定了争端避免与裁决委员会（Dispute Avoidance/Adjudication Board，DAAB）。其次，将原本的争端裁决委员会（Dispute Adjudication Board，DAB）更名为争端避免与裁决委员会，并且加强其"争端避免"的功能，是 2017 年版红皮书修订的要点之一。作者以附图 14 说明争端避免与裁决委员会的两大功能："争端避免"与"争端解决"，扼要图示如下：

原书附图 14　争端避免与裁决委员会的两大功能："争端避免"与"争端解决"①

Dispute Avoidance (No time limit or special procedure) 争端避免 (无时限或特别程序)	Dispute Resolution (Strict time limits and strict procedures) 争端解决 (严格之时限与程序)
(1) Referral of an issue or disagreement to the DAAB 　　将议题或分歧提付 DAAB（第 21.3 项）	(1) Referral of a Dispute to the DAAB 　　将争端提付 DAAB（第 21.4 项）
↓	↓
(2) DAAB provides informal assistance to resolve the issue or disagreement 　　DAAB 提供非正式协助以解决该议题或分歧	(2) DAAB's decision 　　DAAB 作出决定（第 21.4 项）
	↓
	(3) If Dispute not resolved by the decision, Parties to attempt amicable settlement 　　如争端未解决，当事人试图友好协商（第 21.5 项）
	↓
	(4) If Dispute not amicably settled final resolution by ICC arbitration 　　如争端未能经由友好协商解决，则由国际商会（ICC）仲裁以终局解决（第 21.6 项）

作者以附图 15 说明从求偿之初到最终提付仲裁的整个程序，标示各阶段的最长时限及自引起求偿之"事件或情况"起的累计日数：

---

① 此处附图 14 为本书作者制作。

原书附图 15　时间及/或金钱求偿之时间表①

N° of days for each step 各步骤之日数	Procedural Step 程序步骤	Cumulative n° of days from the "event or circumstance" giving rise to a Claim 自引起求偿之"事件或情况"起的累计日数
0	An "event or circumstance" giving rise to a Claim occurs (SC 20.2) 引起求偿的"事件或情况"发生（第20.2项）	0
28（注2）	Notice of Claim (SC 20.2) 求偿通知（第20.2项）	28
14	Engineer's Notice of objection, if any (SC 20.2.2) 工程师拒绝之通知（如有）（第20.2.2项）	42
84（注3）	Submission of a fully detailed Claim (SC 20.2.4) 提交具有完整细节的求偿（第20.2.4项）	84
14	Engineer's Notice of objection, if any (SC 20.2.4) 工程师拒绝之通知（如有）（第20.2.4项）	98
84（注4）	Engineer's determination (SC 3.7.2) 工程师之决定（第3.7.2项）	168
28	NOD with Engineer's determination (SC 3.7.5) 就工程师决定提出异议（第3.7.5项）	196
42	Referral of Dispute to DAAB (SC 21.4.1) 将争端提付DAAB（第21.4.1项）	238 (i.e., around 8 months) 238（即约8个月）
84	DAAB decision (SC 21.4.3) DAAB之决定（第21.4.3项）	322
28	NOD with DAAB Decision (SC 21.4.4) 就DAAB决定提出异议（第21.4.4项）	350
28	Attempt at amicable settlement (SC 21.5) 尝试友好协商（第21.5项）	378 (i.e., around 12 months) 378（约12个月）

---

① 此处附图15为本书作者制作。

续表

N° of days for each step 各步骤之日数	Procedural Step 程序步骤	Cumulative n° of days from the "event or circumstance" giving rise to a Claim 自引起求偿之"事件或情况"起的累计日数
—	ICC arbitration (SC 21.6) ICC 仲裁（第 21.6 项）	378 and thereafter 378 及此后

注1：附图15呈现了条款步骤的简化版本，请以实际之相关条款的文字内容为准。作者在书中提供更详细版本的时间及/或金钱求偿时间表。

注2：时效自求偿方知悉，或应知悉该请求事件或情况之日起算，请参见第20.2.1项。

注3：第20.2.4项。

注4：时效自工程师收到具有完整细节的求偿［第3.7.3（c）（i）款］并推定与工程师依据第3.7.1项协商未达成协议之日起算。

在通常的情况下，当事人遵循第21.4项的规定，将争端提付DAAB，如当事人对于DAAB作出的决定不服，且无法经由友好协商解决该争端，则任一方当事人可以将争端提付国际商会（ICC）仲裁以终局解决；但在下列四个例外的情况下，当事人可以直接将争端提付国际仲裁：[1]

1. 一方当事人未能依第3.7.4项的规定遵守其与他方所达成的协议，他方当事人得在无损于其法定权利的情况下，直接将该"不遵守"提付仲裁（请参见第3.7.5项）；

2. 一方当事人不遵守工程师依第3.7.5项作出终局且具有拘束力的决定（Determination），[2]他方当事人得在无损于其法定权利的情况下，直接将该"不遵守"提付仲裁（请参见第3.7.5项）；

3. 一方当事人不遵守DAAB的决定（Decision，无论是具有拘束力的决定或是具有拘束力且终局的决定），他方当事人得在无损于其法定权利的情况下，直接将该"不遵守"提付仲裁（请参见第21.7项）；

4. 如果是因为DAAB的任期届满或其他原因，以致没有或未组成DAAB，则任意一方当事人得在无损于其法定权利的情况下，直接将争端提付仲裁（请

---

[1] 作者于本书的附图16以图示扼要说明之。

[2] 为避免与DAAB作出之"决定"（Decision）混淆，本条款由工程师作出的Determination另有译为"确定"或"确认"者。

参见第 21.8 项）。

（五）第五章其他文件的释义

红皮书的通用条件附有附属文件，包括 DAAB 协议、DAAB 程序规则、母公司担保格式、付款担保格式等，作者在第五章就该附属文件进行释义与评论。

四、心得与书评

首先，笔者认为本书的一大特色是作者萃取其三十余年执业经验的精华，分别从普通法系与大陆法系两个不同法系的角度来分析国际工程合同中常见的重要法律议题，比较这些重要的法律议题在上述两大法系中是否有不同的规范，并且以其多年来办理国际工程仲裁案件的经验，结合国际仲裁判断的案例来评释红皮书各合同条款，特别具有实务操作价值，也充分展现了本书逐条释义的国际性。

其次，笔者大力推荐读者详细阅读第二章"准据法"与第三章"合同解释"（共计 160 余页），作者在这两章中阐述的原则不仅适用于红皮书，也适用于彩虹书的其他合同范本。

最后，相较而言，第四章及第五章关于红皮书及其附属文件的逐条释义可以成为读者详细了解红皮书之通用条件的重要参考；倘若读者没有时间逐条详阅其释义，也可将本书放在案头，在需要了解特定条款时，直接翻阅、研究与该特定条款相关的释义内容，本书是非常全面且实用的参考书。

（责任编委：许天舒）[①]

[①] 中国国际经济贸易仲裁委员会仲裁研究所职员。

撤稿声明

经核实有关举报,《仲裁与法律》第150辑(2024年1月出版)刊发的《涉制裁商事仲裁裁决的司法审查研究——公共政策维度的考察》(作者:张建)一文剽窃了未公开发表的论文,该文与被剽窃的论文在论文结构(包括行文思路)、主要内容、重要图表等方面高度雷同。张建的上述行为构成"他人未发表成果剽窃"及"盗用稿件内容",属于严重的学术不端行为。

为维护学术道德,树立良好学风,《仲裁与法律》编辑部决定对张建署名的《涉制裁商事仲裁裁决的司法审查研究——公共政策维度的考察》一文予以撤稿。

《仲裁与法律》向来注重维护知识产权,并在征稿启事中强调"严禁抄袭、剽窃等侵犯知识产权的行为"(见《〈仲裁与法律〉征稿启事》第4项),一直严格把控审稿流程和标准,但是由于学术不端检测系统不包含未发表成果,导致了事件的发生。《仲裁与法律》对学术不端行为秉持"零容忍"态度,强烈谴责学术不端行为,并将进一步完善论文评审程序与问责机制,更好为读者服务。

《仲裁与法律》编辑部
2024年5月

《仲裁与法律》征稿启事

《仲裁与法律》是中国内地创办最早的关于仲裁制度研究的专业性法学读物,由中国国际经济贸易仲裁委员会主办。《仲裁与法律》出版近三十年来,始终密切关注中国内地仲裁理论和实践问题,并及时介绍国际仲裁的最新发展。

《仲裁与法律》由出版社每年出版二至四辑,设有"专论争鸣""理论探索""实务探析""热点时评""域外参考"等栏目。

本编辑部欢迎业界人士投稿,投稿请关注以下事项:

1. 稿件主题请围绕仲裁法学、仲裁法律实践或研究工作,亦包括仲裁案件中经常涉及的民商事法律问题。稿件字数通常为8000—15000字(含脚注),投稿者可自定文章选题。

2. 来稿请参照《法学引注手册》做注,论文稿件一般须有300字左右的"摘要"及3—5个关键词,并应以脚注形式注明作者姓名、职务、职称、所在单位名称及详细联系方式等。

3. 投稿请将稿件 Word 版本发送至编辑部电子信箱:law@ cietac.org。

4. 稿件应未在出版物上公开发表过。请严格遵守学术规范,严禁抄袭、剽窃等侵犯知识产权的行为。

5. 凡向《仲裁与法律》投稿的稿件,即视为作者同意授权《仲裁与法律》其作品(包括但不限于电子版)信息网络传播权、无线增值业务权等权利,授权可授予合作单位再使用、授予相关数据库收录之权利,作者前述相关的著作权使用费将由本编辑部在稿酬内一次性给付。若作者不同意前述授权,请在来稿时书面声明,以便我们做适当处理;作者未书面声明的,视为同意本编辑部的前述安排。

6. 所载文章仅代表作者个人观点,不代表本编辑部和主办单位的观点。

7. 审稿期一般为3个月,文章出版后,即奉稿酬(普通来稿500元/千字)。

竭诚欢迎各位业界人士向《仲裁与法律》惠赐稿件。

投稿地址:北京市西城区桦皮厂胡同2号国际商会大厦6层

邮政编码:100035

电子信箱:law@ cietac.org

图书在版编目（CIP）数据

仲裁与法律. 第151辑 / 中国国际经济贸易仲裁委员会，中国国际商会仲裁研究所编. -- 北京 ： 中国法制出版社，2024.7. -- ISBN 978-7-5216-4652-8

Ⅰ. D915.704-55

中国国家版本馆CIP数据核字第2024QY3245号

责任编辑：秦智贤　　　　　　　　　　　　　封面设计：杨泽江

仲裁与法律·第151辑
ZHONGCAI YU FALÜ·DI 151 JI

编者/中国国际经济贸易仲裁委员会　中国国际商会仲裁研究所
经销/新华书店
印刷/三河市国英印务有限公司
开本/710毫米×1000毫米　16开　　　　　　印张/ 8　字数/ 110千
版次/2024年7月第1版　　　　　　　　　　　2024年7月第1次印刷

中国法制出版社出版
书号 ISBN 978-7-5216-4652-8　　　　　　　　定价：38.00元

北京市西城区西便门西里甲16号西便门办公区
邮政编码：100053　　　　　　　　　　　　　传真：010-63141600
网址：http：//www.zgfzs.com　　　　　　　编辑部电话：010-63141798
市场营销部电话：010-63141612　　　　　　 印务部电话：010-63141606

（如有印装质量问题，请与本社印务部联系。）